集 刊 名：北冰洋研究
主办单位：聊城大学北冰洋研究中心
主　　编：曲　枫
副 主 编：〔德〕迈克尔·克努佩尔（Michael Knüppel）
王　伟

ARCTIC STUDIES

第二辑

集刊序列号：PIJ-2018-337
中国集刊网：www.jikan.com.cn
集刊投约稿平台：www.iedol.cn

曲 枫 主编

〔德〕迈克尔·克努佩尔 王 伟 副主编

北冰洋研究

第二辑

Arctic Studies

社会科学文献出版社

SOCIAL SCIENCES ACADEMIC PRESS (CHINA)

卷首语

曲枫　王伟

北极概念包含三个层次。

第一，它是一个地缘概念，是指北纬66度即北极圈以北的陆地与海洋。它的中心点就是北极点。

第二，北极还是一个环境概念。值得注意的是，北极圈之内的陆地大体为苔原覆盖，而苔原与其南端泰加（taiga）针叶林的交界线基本与北纬66度线相齐。环境意义上的北极既包括以苔原为特征的生态系统，也包括以泰加针叶林为特征的次北极（subarctic）生态区域。北极生态系统还包含永久冻土（permafrost）、低温、冰川（glaciers）、特有的动物群和植物群等。

第三，北极民族文化。在上万年的人类历史中，人类的迁徙活动一直没有停止。不断有新的人群进入北极圈中生活。人类在主动适应高纬度地区环境的同时，对环境以及景观的影响也随处可见。因而，人类文化是构成北极概念不可忽略的重要因素。

北极民族文化虽然在族源、语言、生存方式、艺术传统上有着一定的差异性，却无一例外地体现了对极地环境的适应性。这些民族生活在苔原、针叶林以及相邻的草原生态环境中，以狩猎、捕鱼、采集、游牧为主要的生计方式，形成了独特的极地生存策略。陆地狩猎、海猎以及驯鹿牧养是其重要的文化特征。虽然生存条件恶劣，地处世界的边缘，但几乎每个民族都有着各自的节日庆典系统，仪式风俗丰富。所有的民族传统上均信奉萨满教。

令人注意的是，与俄罗斯、蒙古国交界的中国北方少数民族与北极民族在生存环境、生态系统、生计方式、生存策略、艺术与物质文化、仪式信仰等诸多方面都有着强烈的相似性。如中国鄂温克人的一支，同萨米人、楚克奇人、埃文人、涅涅茨人、埃文基人一样以牧养驯鹿为传统文化特色，赫哲族的水猎生计方式、鱼皮文化与因纽特文化相似。以上民族均生活在泰加针叶林和与之相邻的草原生态环境中。诸如鄂温克人、鄂伦春人、赫哲人、达斡尔人、布里亚特人、图瓦人等本身是跨境民族。在俄罗斯、蒙古国等国家中，对这些民族的研究一般均被列入北极文化研究范畴。

中国国务院于2018年1月颁布的《中国的北极政策》白皮书中将中国定义为“近北极国家”。沿用这一提法，我们将有关的中国北方民族称为“中国近北极民族”。

将中国北方民族研究纳入北极文化研究的大框架中是十分有必要的，这样可以使我们得以在国际视角中考察中国近北极文化。当我们对中国近北极民族与北极民族进行比较研究的时候，我们就会发现，文化边界并不等同于当代国家边界。文化边界有时小于政治边界，有时又会大于政治边界，同时具有时间上的流动性与历史深度。因此，我们必须重新思考“中心”与“边疆”概念的含义。从政治视角来说，北极地区对北极国家（包括近北极国家如中国等）来说都属于政治边疆。然而，从文化视角来说，北极地区正是“北极文化”的中心，它的文化边界甚至可能延伸到北极及次北极之外的区域。挪威人类学家费雷德里克·巴斯（Fredrik Barth，1928－2016）在《族群与边界》一书的导言中，从政治人类学角度提出了国家边界与“次国家边界”的概念，其“次国家边界”概念的提出则是在有意淡化政治学的主权概念，而将边界视为不同主体的文化实践，将边界视为不同文化联系与接触的场域。[1] 那么，中国近北极民族文化代表着北极文化的中心还是不同文化的交界地带，则是摆在我们面前的一个问题。

基于以上思考，聊城大学北冰洋研究中心于2019年3月召开了中国近北极民族研究论坛，本辑的大部分论文来自这一会议。

在国际北极文化研究中，民族生态学占据着重要的地位。西方生态人类学在20世纪形成了非常坚实的理论基础。从美国人类学家斯图尔德（Julian Steward，1902－1972）的文化核心理论、康克林（Harold Conklin，1926－2016）的文化构建模式、格尔兹（Clifford Geertz，1906－2006）在《农业内化：印度尼西亚的生态变迁过程》（*Agricultural Involution：the Process of Ecological Change in Indonesia*）中提出的生态因果关系网络，到哈里斯（Marvin Harris，1927－2001）的文化唯物论理论，再到福勒（Catherine Fowler）的民族生态学理论，这些理论为我们提供了多样性的研究范式和视角。文化特殊性存在于世界的各个角落，但是没有独立于国际学术领域之外的特色研究。无论本土化的人类学还是民族学，它们都应该是世界性学术建构的组成部分。在使用西方理论的基础上，结合田野数据进行理论创新是中国人类学学术国际化必须要走的道路。既然我们将中国近北极民族研究与国际上的北极民族研究关联，我们就必须意识到，中国的人类学知识应该是国际人类学知识体系必不可少的组成部分。需要提及的是，辽宁大学生态人类学家江帆教授与法国人类学家、台湾中研院的吴红（Aurore Dumont）博士专门为本辑提供了有关民族生态学研究的特稿。参会者林航教授等其他学者也从民族生态知识体系、生态移民、生计变迁等不同视角揭示了中国近北极民族在社会历史变化中对寒冷地带生态系统的适应与调适。

本辑还包括民族艺术与宗教仪式的论文，反映了中国近北极

---

[1] 参见〔挪威〕费雷德里克·巴斯主编《族群与边界——文化差异下的社会组织》，李丽琴译，马成俊校，商务印书馆，2014，“导言”第1～29页。

民族在萨满教信仰以及物质文化创造方面与国际北极民族的相似性。另外，人口与地区发展也是北极与中国近北极文化研究中的热点话题，本辑也收录了相关的重要研究成果。

最后，我们向全体供稿人、同行评审专家、编委会委员以及中国近北极民族研究论坛的所有与会代表表示诚挚的谢意。

目　录

环境史与生态人类学

文化与艺术

仪式与风俗

旅游与地区发展

学术动态

CONTENTS

Environmental History and Ecological Anthropology

Culture and Art

Ritual and Custom

Tourism and Regional Development

Academic Events

环境史与生态人类学

东北满族生境与族群原生文化探析

江　帆

摘要：满族先民在长期的生存实践中，摸索、创造、累积了带有原始渔猎文明特色的族群原生文化。满族先民以此适应自然和社会，其文化建构手段与思维逻辑逐渐定型为族群心理的一种深层结构与精神内核。这些可称为满族原生文化的要素及其特质，蕴含着丰富的生态智慧与哲学意蕴，渗透在后世满族民众的生存实践之中，成为后世满族文化建构与精神滋育的支点。

关键词：满族　生境　原生文化　文化建构

作者简介：江帆，辽宁大学民俗学专业教授，沈阳音乐学院特聘教授。

东北地区是我国满族生存的特定的自然空间，这一空间所有的自然环境与社会环境构成了满族生存的具体生境。满族的生境是满族社会运作的产物，是民族特有文化的当然组成部分。

若对满族文化的发生与发展做出比较全面、系统的把握与诠释，必须溯本求源，从满族文化生成的“源头”处扫描，对东北地区的“生态场”有一个宏观的基本把握，进而才有可能体悟到东北地区生境对于满族文化的生成与衍化具有怎样的独特意义，以及在族群文化的建构过程中，满族先民及其后裔是怎样伴随着生境的变迁而不断进行文化调适与互动的。

一　东北地区“生态场”与满族先民生境

如果鸟瞰我国的东北地区，呈现在人们面前的是一个山环水绕的马蹄形的地貌轮廓。我国东北地区的西、北、东三面都被山脉环绕，呈马蹄形环抱着东北大平原。三面群山都没有太高的山岭，海拔一般在 800 ~ 1500 米之间。长白山脉的白云峰是东北地区的最高峰，海拔也只有 2619 米。东北地区地貌丰富多样，有山有水，有内陆有海洋，境内分布有丘陵、阶地、高平原，还有平原、低地、谷地、河漫滩、海岛等，是中国境内一个比较完整且相对独立的自然地理区域。

东北地区位于北纬 40 度以北，地处北温带，极地湿冷空气从西伯利亚大高原肆虐南下，却被阻挡在外兴安岭以北。在它南面，形成了植被茂密、草肥水美的丘陵平原。但由于纬度较高，冬季漫长寒冷，千里冰封，万里雪飘，不仅不能耕种，甚至人类在这一地区都不适宜长期在户外活动。同时，在嫩江流域，又广布着亚洲较大的沼泽地区。茫茫林海，皑皑雪原，坑洼相间的沼泽地，构成了独特的东北地区自然景观。东北地区自然气候的特征可以概括为：除部分高寒地区外，大部分仍属于温带季风气候区，表现为季节变化明显，天气变化显著，热量资源较少，降水变率大。若与国内其他地区相比较，东北地区气候的共同特点就是寒冷，特别是位于北纬 50 度线附近的吉林和黑龙江广大地区尤为突出。

东北地区的地理有两大特点：一是相对隔绝，二是自然资源丰饶。东北的北部，是一望无际的外兴安岭和西伯利亚荒原，茂密的原始森林和寒冷的气候使人难以逾越。东部和南部是鄂霍次克海以及西太平洋，对东北又形成天然的屏障，西部是万里的蒙古戈壁。地理环境对东北的民族形成了一种隔绝机制，这种隔绝在很大程度上保持了原生文化。另外，东北区域有很好的气候条件、地形条件和地理环境，这里原始森林密布，是天然的动植物资源宝库，“棒打狍子瓢舀鱼，野鸡飞到饭锅里”，便是对历史上东北地区丰盛的自然资源的真实写照。黑龙江、松花江、乌苏里江流域不仅土地肥沃，宜耕宜牧，水产亦极为丰富，盛产各种鱼类，其中鳌花鱼、鳇鱼、大马哈鱼、胖头鱼、鲟鱼、东珠（珍珠）等都是驰名的特产。尤其鳇鱼，最大的长达四五米，重达七八百公斤。大马哈鱼在鱼汛中数量极多，达到惊人的程度。如《黑龙江志稿》曾记载：“每年秋天自海逆水而上，入江驱之不去，充积甚厚，当地人竟有履鱼背而渡者。”① 乌苏里江每年有四个多月的结冰期，完全不能通航，但仍可凿冰捕鱼，河面变成了雪橇飞驰的平滑大道。

① 张伯英：《黑龙江志稿》，黑龙江人民出版社，1992，第 702 页。

东北地区属寒温带—温带湿润—半湿润季风气候。冬季长而寒冷，夏季短而凉爽，南北温差大，最北端甚至长冬无夏。以满族先民曾长期生活的黑龙江地区来看，冬季平均气温为零下 31℃ ~零下 15℃，据近 50 年来的资料记载，黑龙江地区的极端最低气温达曾达到零下 52.3℃（1969 年 2 月 13 日，黑龙江漠河地区）。夏季的平均气温为 18℃ ~23℃，无霜期仅 3 ~4 个月，年平均降水量为 300 ~700 毫米。东北地区的寒冷，自古有名，许多史志都记载了这一地区的寒冷气候特点，如《黑龙江述略》记载，当地“入冬以后，窗皆高丽坚纸蒙蔽无隙，辄上厚冰寸许，视如积雪，盖屋中之火，与庭中之雪，相薄而成，至次年三月始消。北墙尺许厚亦然。每雪落地，则散粒如砂，往来行步踏之，有声而不滑足，其下坚冻二三尺不等，经春间东风迅起，渐化为水，市中至泥深没马，月余乃平。入伏后小热数日，然即晚辄凉，当身必须夹衣”。[①] 康熙年间成书的《龙沙纪略》也记载此地“四时皆寒，五月始脱裘。……七月则衣棉矣。立冬后，朔气砭肌骨，立户外呼吸，顷须眉俱冰。出必勤以掌温耳鼻，少懈则鼻准死。耳轮作裂竹声，痛如割”。[②] 即便寒冷如此，原住民却“近颇称暖，十年前，七月江即冰，不知复有暑也”。如此寒冷的气候，决定了东北各民族民众的生息处于一个“先天性不足”的生态环境中。在这一背景下生成的满族原生文化，自然带有鲜明的族群生境特点。

二　满族原生文化的生成与建构特点

提及满族原生文化，有必要对这一概念进行界定。在以往的研究视角中，多将“满族原生文化”定位于满族共同体的直系祖先——东北女真人文化。然而，若以满族孕育与形成历史来看，满族原生文化的建构绝不仅限于女真时代这一个时段，而是波及一个更为宽远的历史范畴。因为从文化发生学的意义上看，满族原生文化的各种特质并不是同时产生的，而是在满族共同体形成过程的不同历史阶段出现的。也就是说，满族原生文化是一个不断建构（construct）的过程。因此，满族原生文化应包括满族共同体形成之

① （清）徐宗亮等：《黑龙江述略》，黑龙江人民出版社，1984，第 80 页。

② （清）方式济：《龙沙纪略》，载（清）王锡祺辑《小方壶斋舆地丛钞》第 1 帙，光绪二十三年（1897）上海著易堂铅印本。

前，由历代满族先民创造、积累的带有族群特色的所有文化。皮亚杰认为，发生认识论的主要特点是研究各种认识的起源，“传统的认识论只顾到高级水平的认识，换言之，即只顾到认识的某些最后的结果”，看不到认识的建构过程，而“发生认识论的特有问题是认识的成长问题”。[①] 把握满族原生文化，不能只关注满族文化建构的“最后的结果”而忽略建构的过程。诚然，明代女真族作为满族主体的直系祖先，其文化可视为满族原生文化；但也应顾及满族共同体形成过程中的文化建构因素。明代女真文化是对辽代黑水靺鞨文化的继承；黑水靺鞨为勿吉黑水部的后裔；勿吉黑水部的先辈则是更早的东北古族挹娄人和肃慎人，这样一来，满族的文化建构过程便可一直推及到3000年前的肃慎古族。正是上述这些栖息于东北地区白山黑水之间的古老族系，在其不断地分化与聚合过程中，创造、累积、承袭、发展出许多独具区域与族群特点的文化，孕育、滋养了满族先民及其后裔，使其成长、壮大为一个独立的民族共同体——满族。确切地说，满族原生文化是裹挟着上述这些古老族系的文化与文明质素，从远古一步步走来的。

在满族研究中，对满族原生文化进行勾描与探讨，具有较大的难度。这不仅因为满族的先民女真及其先世几乎没有留下关于自身历史的文字史料，而且对女真人及其先世文化的研究，现在的学者多依据女真社会之外的明朝、朝鲜的一些记载，以及后来的清代满族统治者对其祖先生活的追述。同时，由于满族与汉族等民族长期共同生活，文化上互相融合，加之社会的发展，除了文献古籍中的相关记载和考古发掘发现的线索之外，满族原生文化的完整形态在后世满族民众的日常生活中多已不复存在。然而，这种境况近二十年来有所改变，这得益于一些学者在东北满族进行田野调查中，陆续发现的一些重要线索：在东北地区一些古老的满族村屯中，有些满族人家至今仍保存着祖传下来的家谱、神偶以及祖先的画像，还有一些珍藏在民间的包括萨满服饰、神谕、法器、卜具等在内的萨满传世文物。这些散佚在满族民间的弥足珍贵的手抄资料和文化遗物，为考察满族原生文化提供了可做参考的重要实物资料，我们从中可以洞窥到满族原生文化的一些内容与形态。笔者在近年来的田野调查中也发现，即使在大步迈向现代化的今天，在一些满族聚居的老村老屯，仍然可以看到一些散落在民间的带有满族原生文化印记的民俗文化事象，诸如一些老者会不经意地道出几段非常古老的满族神话或

① 〔瑞士〕皮亚杰：《发生认识论原理》，王宪钿等译，商务印书馆，1985，第17～18页。

故事；一些满族老户仍在使用或保留着祖辈传袭下来的带有满族早期生活特色的生产用具、生活用品；甚至在一些满族乡间，至今仍可采录到满族世代流传的带有口述史性质的长篇说部与一些叙事长诗，这些口头文学作品生动地记述了满族先世各个部落的崛起、壮大或衰落的过程，包含着大量的反映满族在部落时期的生产、生活、习俗、信仰、文学、艺术等文化信息，折射着满族早期社会的风貌与生活图景。正是这些极具价值的田野发现，为我们进行满族原生文化研究，提供了有益的参考与佐证。

一般说来，一个民族的文化应包含四个层次的内容，即物质构成（民族的生境与生计方式）、组织构成（民族的社会组织、语言、习俗）、指导构成（民族社会传统、知识、技能）、精神构成（民族的信仰、伦理、道德、意识、艺术）。[①] 其中，第一层次的内容是民族社会赖以生存的基础，也是民族文化构建的物质基础及文化自身的底层部分，对整个民族的文化具有奠基功能。这一层次的文化主要指向民族的生计方式（Means of Subsistence），生计方式是最先发生的文化现象，也即民族文化的基元。

“生计方式”是指人类生存所必需的最低限量食物和蔽所，以及获得这一最低量的手段，也即不同的人类群体为适应不同的环境所采取的一整套的谋生手段。人类社会从古至今共发展出五种生计方式，依次为狩猎和采集（包括捕捞）、初级农业（原始农业）、畜牧业、精耕农业、工业化谋食方式。其中狩猎和采集是向自然界攫取和收集食物，后四种才带有生产食物的性质，才可被称为产食文化。在人类的发展历史中，多数社会群体并非只采取一种谋食方式，经常是几种方式混合使用。如在狩猎和采集的同时兼营原始性耕作；在畜牧的同时又从事采集以补充植物性食物。类似多种谋食方式混用的情形在我国东北地区的一些民族中都可以找到例证。但是，即使在多种谋食方式混用的人类群体中，往往也是有一种生计方式占主要地位，正是这种占主要地位的生计方式决定着这个社会的发展水平，也决定着该群体文化的性质。若对不同的民族或族群所承袭的生计方式进行生态人类学的审视，不难发现，无论在谋食与产食方式还是在消费习俗上，不同的人类群体之间存在着较大的差异，而造成这些差异的根本原因，主要是不同的人类群体对所居处的不同的生态环境的适应。也就是说，所有的生计类型无一不带

① 有关民族文化构成的理论，可参见杨庭硕、罗康隆、潘盛之《民族文化与生境》，贵州人民出版社，1992，第42页。

有文化主体所栖居的特定区域生态环境的鲜明印记。生存环境决定着人们的生计方式，而生计方式作为文化的基础部分，对文化系统的其他部分的生成与发展又具有重要的制约与影响作用。生活在东北生态区位中的满族先民，只能选择采集和狩猎作为主要生计方式，围绕这一生计方式而衍生的文化事象，都可以称为满族原生文化的基元形式。

从满族先世肃慎人及至满族共同体形成，经历了长达3000多年的民族孕育史。而这数千年的民族进化历程，基本上是以渔猎文明为主向前推进和发展的，也就是说，满族原生文化的基元形式是渔猎文明。人类学的研究证实，渔猎生计作为人类经济活动中最古老的类型，是一切经济类型的先驱。当今世界上一切民族在其初民阶段都曾经历过这一类型，有的民族至今还未脱离这一类型的经济生活。渔猎经济类型虽然生产力水平低下，却是人类摆脱动物性、获得社会性的基础。自人类从动物界中分离出来，在一个相当长的历史时段里，都是以渔猎为谋生方式，依靠天然食物为生。虽然后来人类又发展了捕鱼技术，但仍然不会从事任何生产食物的活动。渔猎经济的食物资源波动性较大，得不到保证，收获极不稳定。同时，对于持这一生计方式的人类群体来说，食物基本上是肉类，也过于单一，因此在渔猎经济中，采集始终是重要的补充。事实上，在渔猎生计中，狩猎和采集两者并不是截然分开的，通常情况下，狩猎民也是采集民，其群体的劳动分工一般多为男子从事狩猎，妇女采集植物。学术界在习惯上一般将狩猎列在前面，但在实行这一生计的群体生活中，采集也很重要。通常所说的渔猎文化，一般已将采集包含在内。学术界将这一时期的渔猎、采集、捕捞三种谋食方式称为“攫取型经济类型”，并将捕捞一并归入渔猎中。渔猎生产属于依赖自然的攫取经济类型，在人类历史上，攫取经济占据的时间最长，人类延续这一生计方式长达几百万年的时间。有资料显示，地球上自古以来共曾生活过800亿人，其中99%以上的人是狩猎－采集者。即使进入了畜牧与农耕时代，渔猎与采集也一直是农牧民族重要的补充性谋食手段。因而，这一类型既是众多民族起步的经济类型，又是影响深远的孕育了各种文化的基础类型。

三　满族原生文化的深层结构与精神内核

在我国东北地区，很早就形成渔猎、游牧、农耕三种经济类型并存的格局。尽管这三种经济类型始终彼此渗透、互相影响，但总体来看，三种经济类型不仅在地理分布上有明显界线，而且每一种文明类型都是由不同的语系民族作为开拓者。具体来看，东北地区的西部，曾是乌桓、鲜卑、契丹、蒙古等蒙古语族各游牧民族生息繁衍的场所；东北区域的南部，很早以来便为汉族农民所开拓；东北地区的东部与北部，即由黑龙江、乌苏里江、松花江为主脉连接的密林河谷，是以狩猎网捕著称于世的通古斯语族各民族——肃慎、挹娄、勿吉、靺鞨、女真、满以及赫哲、鄂温克、鄂伦春等世世代代生活居住的地方，是古老的渔猎文化的摇篮。这一区域的满族先民，与其他族群的民众长期生活在相近的文化背景之下，形成了相同、相近的生产、生活方式。因此，满族原生文化的属性与这些民族在文化上是同源的。

满族先民栖居的我国东北地区的北部和东北部的边远地带，以及由此向北直抵西伯利亚的广大腹地，自远古直至近代始终是世界范围内分布最辽阔、形态最完整的渔猎文化区。渔猎文明的出现是栖居于这一区域内的一些古老的族群对当地自然生境适应的结果，而渔猎文明在这一区域的绵延不绝，又托庇于当地远离当时的文明中心的社会环境。在3000多年前的肃慎时代，我国东北地区一片蛮荒野壤，山高林密，泽深水阔，野兽成群。生息、繁衍于此地的满族先民肃慎人，以血缘氏族为单位，据晋书记载，“夏则巢居，冬则穴居”。肃慎人以射猎为主要生计，将获取的野兽皮肉作为衣食，同时辅以原始农业和家畜饲养。这一时期，肃慎人养猪已比较普遍。据史料记载，肃慎人在舜禹时代就开始向中原地区以弓矢纳贡，到周王朝时，仍贡献“楛矢石砮”。而居住在三江沿岸的肃慎人在这一时期则以捕鱼为主要生计，在黑龙江省宁安东康遗址和林口县三道通古城遗址出土的这一时期的文物中，已发现有鱼钩、鱼叉等捕鱼工具。

战国时期，肃慎改称挹娄，其活动区域与肃慎时大体相同，生计方式仍为狩猎与原始农业、畜牧并存。关于挹娄人的生活，史料中这样记载：“有五谷、牛马、麻布，出赤玉，好貂”；[①]“好养豕，食其肉，衣其皮，冬以豕膏涂身，厚数分，以御风寒”[②]。

南北朝时期，挹娄改称勿吉，其时仍以渔猎为主要生计方式。据《北史》记载，勿吉“人皆善射，以射猎为业。角弓长三尺，箭长尺二寸，常

① （唐）杜佑撰《通典》，卷186《边防二·东夷下·挹娄》，颜品忠等校点，岳麓书社，1995，第2623页。

② （唐）杜佑撰《通典》，卷186《边防二·东夷下·挹娄》，颜品忠等校点，岳麓书社，1995，第2623页。

以七八月造毒药，傅矢以射禽兽，中者立死”。[①] 这一时期，勿吉人仍处于原始社会晚期。《魏书·勿吉传》记载：“其国无牛，有车马，佃则偶耕，车则步推。有粟及麦穄，菜则有葵”；“其地下湿，筑城穴居，屋形似冢，开口于上，以梯出入”；服饰则“妇人则布裙，男人猪犬皮裘”；“其父母春夏死，立埋之，冢上作屋，不令雨湿；若秋冬，以其尸捕貂，貂食其肉，多得之”；“邑落各自有长，不相总一”。[②] 足见勿吉社会仍很落后，尚未形成部落联盟。北朝末期，勿吉又被称为靺鞨，靺鞨人的生活与勿吉时代没有太大的变化，仍以渔猎为主业。唐末至五代时期，黑水靺鞨被契丹人称为“女直”（真），从此，女真这一族名逐渐代替了靺鞨。

辽金时代，大量的女真人迁居中原。在汉族文化的影响下，这部分女真人多数融入当地的汉族之中，与后来的满族主体已没有渊源关系。这一时期，留居东北的女真人仍处于原始社会的落后状态，保持着女真人固有的文化传统，过着“以射猎为生”的生活。其时，东北女真各部“各仍旧俗，无市井城郭，逐水草为居，以射猎为业”，[③] 并将步射发展为骑射。辽金时代的女真人以精于骑射著称，“耐饥渴苦辛。善骑，上下崖壁如飞，济江河不用舟楫，浮马而渡”。[④] 同时，女真人的狩猎经验已非常丰富，“每见野兽之踪，蹑而求之，能得其潜伏之所。又以桦皮为角，吹呦呦之声，呼麋鹿而射之”，[⑤] “自过滨、辰州，东京迤北，绝少麦面。每晨及夕，各以射到禽兽荐饭”。[⑥] 金灭亡后，元朝在松花江下游和黑龙江地区推行屯田，给女真人耕牛、农具和籽种，在当地发展农耕。到元朝后期，松花江下游和黑龙江地区的女真人生计已呈现“涉猎为主，农业次之”的格局。随着生产的发展，女真原始社会也开始解体，早期奴隶制度逐步确立。但这一时期，东北女真各部落之间仍经常发生掠夺财产和奴隶的战争，社会并不稳定。

明代女真是当代满族的基本来源，其时分为建州、海西、野人三大集团。明代女真民族的社会发展极不平衡，其时，海西和建州女真已经过上以农业为主的定居生活，兼事畜牧、狩猎，社会形态处于军事民主制阶段；到

① （唐）李延寿撰《北史》卷九十四，中华书局，1974，第3124页。
② （北齐）魏收撰《魏书》卷一百，中华书局，1974，第2219～2220页。
③ （明）宋濂等撰《元史》卷五十九，中华书局，1976，第1400页。
④ （宋）宇文懋昭撰、崔文印校证《大金国志校证》卷三十九，中华书局，1986，第551页。
⑤ （宋）宇文懋昭撰、崔文印校证《大金国志校证》卷三十九，中华书局，1986，第551页。
⑥ （清）李有棠撰《金史纪事本末》卷一，中华书局，1980，第23页。

努尔哈赤时期，即进入了奴隶制社会。相形之下，分布在今松花江同江县以北、黑龙江南北两岸的东海窝集部（窝集，满语老林之意）野人女真则落后许多，主要从事渔猎和畜牧，只有少数部落从事农耕。由于东海女真社会发展滞后，明代将其称为“生女真”，一如《大明一统志》所载：“上自海西，下至黑龙江，谓之生女真。”对于生女真的生产与生活，史料多有记载：“其以桦皮为屋，独木为舟，以毛皮为市，以貂鼠为贡”；“略事农耕，聚会为礼，人持烧酒、鱼胞，席地歌饮，少有忿争则弯弓相射”。[①] 海西女真“俗善射驰猎，分屯各处，累日打猎”；[②]“辽东地遐远，民以猎为业，农作次之”。[③] 可见明代女真人主要以狩猎、采集、畜牧和简单的农业生产来维持经济生活，生产的粮食用来果腹，马匹、人参、兽皮则用以交换。这种生计方式一直持续到清朝建立之后的很长一段时期，乃至皇太极在致朝鲜王的信中仍感言“满洲、蒙古向以取资他国之物为生”。[④]

鉴于渔猎生计的特点，东北女真人长期过着游走流动的生活，不仅无暇顾及政权建设，也疏于文化创造。东北女真人虽然早已开始农耕生产，但始终没有形成连片的农业垦殖，一直保持着原始农耕的特点。由于农业生产在女真人的经济生活中从未占主导地位，女真人的土地观念淡薄，再加上迁徙游动的生活使其不能久居一地，因此女真人难以拥有世代积累的不动财富，在文化传承上，也难以形成较为深厚的积淀。与中原区域相比较，明代的东北女真人在政治、经济、文化等方面都明显滞后，仅举两例：东北女真人从公元11世纪就掌握了炼铁及其他工艺技术，但始终没有发展起自己的手工业；后金政权虽早已拥有织布的原料与工匠，但一直没有生产出供本民族使用的棉布，冬夏衣着多为皮毛制品，丝棉麻布皆需与中原地区交换。对此，连皇太极也不由得慨叹：“丝枲相继，故不以织布为意耳。”正由于上述等种种原因，长期以来，女真社会一直处于水平比较低级的社会形态，在衣食住行、婚丧伦理等民俗文化方面，也与中国北方其他地区大相径庭。

总体来看，东北地区广袤的森林与荒原是满族族群与社会赖以发育和生

① （明）李贤等撰《大明一统志》卷八十九，三秦出版社，1990，第1368页。

② （明）茅瑞征：《东夷考略》。

③ 《明太祖实录》卷一百四十四，洪武十五年（1382年）四月丙午条。

④ 参见孔经纬主编《中国东北地区经济史》第一卷《清代东北地区经济史》，黑龙江人民出版社，1990，第63页。

长的一个基本的地理环境，也是其经济和文化生成的根本背景。满族原生文化，是满族先民以其自然属性和社会属性能动地驱适所处生境的产物。这一特点既表现在满族先民的宇宙观、宗教信仰、风俗习惯、民间文学上，也表现在其文化心理、价值观念、审美情趣等方面。满族原生文化表层结构的各个层面均带有由渔猎生计类型衍生出来的文化因子，诸如满族的语言、认知能力、技能、信仰、习俗等。从文化的深层结构即民族的性格与文化心理层面来看，也深受区域生境与生计类型的影响。

法国学者孟德斯鸠在探究文化特质的地理分布原因时曾指出："寒冷的空气把人们身体外部纤维的末端紧缩起来，增加了纤维末端的弹力，并有利于血液回归心脏。寒冷的空气还会缩短这些纤维的长度，因而更增加它们的力量……所以人们在寒冷的气候下，便有较充沛的精力。心脏的跳动和纤维末端的反应都较强，分泌比较均匀，血液更有力地走向心房；在相互的影响下，心脏有了更大的力量。心脏力量的加强自然会产生许多效果，例如，有较强的自信，也就是说，有较大的勇气，对自己的优越性有较多的认识，较为直爽，较少猜疑、策略与诡计，结果当然产生不同的性格。"孟德斯鸠是典型的环境决定论者，认为环境是使文化呈现出不同类型的原因，这一观点在今天看来显然已经过时。大量的文化实证研究都证实了环境决定论的偏颇与单一性，因为其忽略了人类与环境之间存在着复杂的互动关系。学者们现在都已通晓，环境对于人类文化的形成只能说具有一种"限制性"，而非"创造性"的作用。但是，孟德斯鸠提出的环境对人类不同种群影响的生物性差异，以及对人类不同群体的心理、性格的模塑与影响，也应该成为我们进行具体的民族文化研究时予以关注的一个重要因素。对于世代生息繁衍于东北地区的一些族群的民众来说，在寒冷的气候下，只有人的身体和精神都积蓄起足够的力量，才能够从事长久的、艰苦的、宏伟的、勇敢的生存活动。在严酷的生存竞争中，东北地区各民族形成了一些带有共性的体态特征和性格特点，即身体强壮魁伟，沉敏罕言，勤奋、吃苦、耐劳，有坚强的意志和韧性，能够承受困难和打击，能够抵抗各种外在侵扰。我们不难想象，与相对成熟的农耕生计相比较，持渔猎生计的满族先民注定要承受更多的危险与风险。农耕生计可以带来剩余的食物，使农耕民获得闲暇休息，而狩猎生计只能不停地奔波劳作，不停地搏斗厮杀，唯有如此，才能保证食物不中断。原始的狩猎是极其残酷的，虽然满族先民已经拥有了尖锐的利器，并且采取群攻猎物的方式，但每一次狩猎都几近于一次动物间的搏杀：猎人能吃到鲜美的肉，但稍不留意也能变成动物口中的美味。正是数不清的血腥厮杀，铸就了满族先民及其后裔勇敢、坚强、剽悍、善战的群体性格，这种群体性格不仅体现在日常的狩猎生产活动之中，也显见于满族共同体内部各部落之间的争战以及对邻近民族的掠夺与伐讨战争中。如《后汉书》记载挹娄“种众虽少，而多勇力，处山险，又善射，发能入人目”；“邻国畏患”。[①]《契丹国志》记载“三人渤海当一虎”，[②]《宋史纪事本末》称“女真兵满万则不可敌”。《朝鲜实录》记载，女真人“勇于战斗，喜于报复，一与作隙，累世不忘”。[③] 满族先民不仅性格勇猛，而且极具耐力。满族民众将这种文化个性视为同尖石利器一样重要和宝贵的文化财富。历史上，满族先民在从氏族向氏族部落、部落联盟以及部族的过渡与进化过程中，族群内部各支系可谓连年征战不断。在满族共同体内部实行了集团化和组织化之后，更是频频地对邻近的游牧民族和农业民族发动掠夺战，靠战争掠夺所得的经济利益自然要比原始的渔猎生产高得多。“久而久之，这种获取生存资源的方式就硬化成一种习惯，以致在人们看来，‘可以用流血的方式获得东西，如果以流汗的方式得之，未免太文弱无能了’。”[④] 这种如尖石利器一样的文化个性，当是满族原生文化的精神内核所在。当然，满族原生文化深层结构的这种特点，是历史上满族及其先民所处的区域生境铸就的。

在长期的生存实践中，满族先民不断摸索、创造、累积着带有原始渔猎文明特色的族群原生文化。最初，满族先民以此适应自然和社会，久而久之，这些手段与思维方式便定型为族群文化的一种结构。这些可称为满族原生文化的要素及其特质，蕴含着丰富的生态意蕴，作为一种族群文化的基本特征，渗透在后世满族民众的生存实践之中，成为满族的文化个性与民族精神的支点。满族原生文化作为一种有机结构，其要素与特质必然被整合进此后的满族社会的文明结构和习俗传统之中，举凡满族文化的各个方面，均带有由原始渔猎经济所造成的“文化残存”，诸如满族的语言、认知、技能、信仰、习俗的基本构架等，有许多发端于这一经济类型的生产需要。在满族文化系统中，我们毫不费力便可以辨识出这些带有文化“酵母”特点的原生文化要素，同时，也不难把握到这些要素之间的环环相扣，有机统一，不

---

① （宋）范晔撰《后汉书》卷八十五，中华书局，1965，第2812页。

② （宋）叶隆礼撰《契丹国志》卷二十六，中华书局，2014，第277页。

③ 吴晗辑《朝鲜李朝实录中的中国史料》，中华书局，1980。

④ 高亚彪、吴丹毛：《在民族灵魂的深处》，中国文联出版公司，1988，第112页。

可分割。可以说，满族原生文化不仅是一种各要素相互依赖、相互生成的文化生态链条，也是一种相对稳定而成熟的人类文明类型。

Analysis of the Manchu Habitat and Traditional Culture in Northeast China

Jiang Fan

Abstract: During their historical development, the ancestors of the Manchu explored, created and accumulated a vast array of knowledge of their natural environment which formed a significant part of their traditional culture. Their culture was shaped heavily by a hunter gathering subsistence method which evolved their natural environment and was honed and shaped by long-term adaption. This understanding of the natural environment formed an intrinsic part of their cultural identity and allow us an understanding of the deep ecological and philosophical world around them.

Keywords: Manchu; Habitat; Traditional Culture; Logic of Construction

由敖包看北亚环境问题：草地主位的生态知识、政治表述及仪式实践

〔法〕吴　红

（马惠娟　译）

摘要： 本文探讨的是敖包与北亚地区环境问题之间的关系。笔者认为，祭敖包是主位的生态知识、政治表述及仪式实践共同作用的产物。本文首先勾勒当地民众与自然环境中的神灵进行沟通的方式，描述环境退化对人们及其经济的影响，进而展示了当地民众及政府如何将敖包作为一个表达环境保护政治话语的主要场所，最后分析了当地民众如何调适敖包仪式内容以应对气候变化问题。

关键词： 敖包　北亚　环境问题

作者简介： 吴红，2014 年在法国巴黎高等实践学院获博士学位，2015～2017 年在香港中文大学中国研究中心做博士后研究员，现为法国社会·宗教·政教关系研究所研究员。研究兴趣主要为晚清以来中国蒙古族及通古斯民族的游牧及宗教相关实践。

译者简介： 马惠娟，香港中文大学人类学博士，现为南京理工大学公共事务学院讲师，研究方向为民族认同、民俗宗教学。

引　言

北亚游牧民族将自然环境①视为由自然物与超自然物构成的统一体。

① 本文用“自然环境”这一惯用语来指称蒙古语中的 *baigal*（自然）。

生态系统、气候、山脉、牧场以及动物，与各种各样的地方的敖包和祖先的灵共同占据着圣地。以主位的观点来看，每一个事物都有能量和有益力量，且可以经由人类仪式行为而得到加强。[①] 因此，蒙古人和其他北亚民族崇拜山峦，据信山峦中寓居着强大的神灵和神灵之主。建在山顶的敖包[②]是人们拜山之所，也是将人与自然联结起来的福地。在集体的敖包仪式中，“参与者求得山神的祝福，庇佑土地丰饶，生命繁衍不息”。[③] 同样，人与自然在敖包祭祀中达成的互惠交换，象征性地确保畜群多产、草场丰饶和雨水充沛。山顶的石堆不仅代表无处不在的草地，也被认为是助力自然的神圣标志。

中国改革开放和 1991 年苏联解体以来，祭敖包在当地民众中更为广泛、普遍，至今已经成为其仪式生活的重要组成部分。在过去的十年间，敖包仪式复苏也越来越与环境问题相关联。煤矿业的发展、草场退化、干旱和污染等问题，形成了一种新的话语，让当地民众及地方政府调适自己的敖包仪式以适应这些新状况。因此，敖包不是石堆，而是与各种环境问题相关的多元进程的组成部分。

本文认为，敖包体现了主位生态知识、政治表述以及应对气候变迁的共同作用。本文在综合笔者 2011 ~ 2019 年在内蒙古自治区呼伦贝尔地区的民族志田野调查[④]，以及其他学者已出版的关于中国、俄罗斯和蒙古国等各个蒙古文化地区的研究成果的基础上，叙述了当地民众通过敖包及祭祀活动与栖居在自然环境中的神灵进行交流的方式，介绍环境恶化如何影响人们及经济发展，分析敖包如何成为地方及国家权威针对环境保护问题传达政治理念的主要场所，地方民众如何创造自己的仪式策略，并针对气候变化调整自己的敖包仪式内容。换言之，本文提出了这样的思考：关于当前北亚环境问题，敖包究竟告诉了我们一些什么？

---

① Caroline Humphrey, “Chiefly and Shamanist Landscapes in Mongolia”, in Eric Hirsch, Michael O'Hanlon (eds.), *The Anthropology of Landscape*, Oxford, Clarendon Press, 1995, p. 137.

② 敖包也会被建在路边、关口或圣泉附近。

③ Caroline Humphrey, Urgunge Onon, *Shamans and Elders. Experience, Knowledge and Power among the Daur Mongols*, Oxford, Clarendon Press, 1996, p. 151.

④ 感谢 2018 年法国社会・宗教・政教关系研究所（GSRL）对本民族志田野调查的资助，以及 2019 年台湾中研院民族学所的资助。

在自然中建敖包：生态知识的一项实践

敖包在蒙古语中是“堆”或“石冢”的意思，是北亚草原上最为普遍的人类建造物。依据周边环境，它们的形状、大小各不相同。在蒙古文化地区，敖包一般是圆形石堆，顶部中心留洞并覆以树枝。它们被建在诸如圣山或关口等高地上，人们通过选择高地，表达俯瞰人类统治的自然环境的愿望。在野外建造敖包是一项十分精妙的工作。人们相信敖包充满力量，能够控制那些可以为人类带来福祉的重要神灵。关于敖包的地理位置及朝向，建造敖包使用的材料，也需要特别的生态知识。这样建造出来的敖包，与自然景观相适应，呈现一幅人与自然共处的美丽图景。

蒙古人，尤其是游牧民的畜群依赖水源和牧场，因此对自身自然环境有精准认知和独特感知。人们认为环境是一个广阔的互动网络，囊括了人们生活于其中的所有物质的维度和社会的维度。人、动物、植物、牧场、人类建造物、神灵以及附着其上的情感，共同建构了这一自然环境。在蒙古文化中，“重要的并非土地本身，而是关于土地的互动关系。人类选择及其代理人被认为是与土地之物的代理人相互关联，并附属于后者”。[①]

敖包体现了人类与作为一个整体的自然环境之间的互动关系。敖包总是被建成吉祥的形状，以此被赋予招待神灵的能力。尽管被祭拜的神灵各自有基于其属地的名号，但就分类而言，都属于“土地神”（gazarin ezen）、龙神（luus）[②] 及天神（tengeri）等类别。蒙古人同环境的关系与生态维度密切相关。所谓生态维度，即维持特定的规则以保护环境交换系统中的所有实体都能得其所需。生态维度相关的范式，普遍存在于人们敖包祭祀以及日常生活的话语、信仰和行为当中。

集体的敖包仪式通常于6月进行，即牧草生长、牧群初生获得初乳的季节：

> 绿草、牛犊、牛奶——自然以同样的方式经历又一轮重生，敖包则需要由人类助其完成重生。每个人都在中央的木孔旁边放一枝新砍下来

---

① Caroline Humphrey, “Chiefly and Shamanist Landscapes in Mongolia”, in Eric Hirsch, Michael O'Hanlon (eds.), *The Anthropology of Landscape*, Oxford, Clarendon Press, 1995, p. 135.

② 即水神，具体解释见下文。——译者注

的树枝，或者再加旗子、石头祈祷，让敖包看起来像五彩绽放的花丛，融入周遭环境中。①

通过在敖包祭仪中与神灵建立友好关系，人们不仅祈求好运富足，也祈求发展草场经济所需要的良好自然环境。良好的自然环境要有雨水、阳光和丰茂的草地，这些都是人们通过祈祷、祭品和祭仪向栖居在敖包周围的神灵交换得来的。了解这些规矩，人们可以在土地上流转的不同能量和力量之间维持一种有效的平衡，并纠正诸如严冬、干旱和污染等灾害中的不平衡。在敖包祭祀的调节之下，人与神灵之间的关系像链条一样联系起来。祭祀带来雨水、阳光和丰茂的草地，让畜群多产，进而保证了社区的繁荣富足。

在进行敖包祭祀的午后，一般会举行那达慕，即“男儿三艺”——赛马、摔跤和射箭。人们通过敖包祭祀的供品和祈祷完成人神互惠；同样，在那达慕中，人们也继续娱神以“确保年景会好，畜群充足，狩猎多获，蒙古包牢固”②。以游戏的形式向自然环境献祭，使群体存续和自然资源再生得到保证。

代表社会群体特定观念的实践活动，也蕴含在建设敖包当中。Humphrey 和 Onon 指出，通过向石堆添加石头的方式使山脉更新，类似于通过添男丁使宗族延续。③ 此外，建敖包作为标志地界的做法，也把人与他们的集体领地联系在一起：它实体化了土地使用的合法性，由此确定了人与神灵互动的权利。建敖包、祭敖包是生态知识的法则，该法则允许当地人维系与他们故乡强大神灵之间的互惠。

污染、矿藏与干旱：当神灵被触怒

三十多年来，中国和蒙古国的一些地区都面临着严峻的环境问题。影响传统牧场的生态不稳定因素包括：水污染、雨水稀缺导致的草地面积减少、

① Aurore Dumont, “Oboo Sacred Monuments in Hulun Buir: Their Narratives and Contemporary Worship”, *Cross-Currents East Asian History and Culture Review* 24, 2017, pp. 200 – 214.

② Roberte Hamayon, *Jouer. Une étude anthropologique à partir d'exemples sibériens*, Paris, la Découverte, 2012, p. 150.

③ Caroline Humphrey, Urgunge Onon, *Shamans and Elders. Experience, Knowledge and Power among the Daur Mongols*, Oxford, Clarendon Press, 1996, p. 152.

荒漠化和干旱，这仅是最常见的因素。自然环境的退化不是新近发生的，而是在几十年前就已开始。畜牧业等传统经济方式被纳入国家规划政策当中。尽管不同国家（蒙古国、中国和俄罗斯）、不同地区的执行方式各不相同，但20世纪30年代到80年代的政策都积极推动草场的高度工业化、开垦耕地、畜群集体化以及定居运动[①]，导致了土地不可逆转的退化。随着中国、蒙古国、俄罗斯经济的快速发展，人类对草地的开发日益增多，譬如金矿开发、工厂建设、为获取羊绒而过度放牧，都加剧了对草场的破坏。大量著作通过对全球各个地区的研究，强调了环境退化与游牧业衰退的关系。[②] 如今，全球趋势是不断地定居化、游牧灵活性消减、新型的人畜空间关系和牧业管理的新变化。

自然环境的逐步变化不仅影响了数百万人的游牧经济，也催生了关于环境的新态度、新话语，以及与祭祀相关的新形式。游牧民族通过自己的生态知识理解和感知自然环境的衰退，这种理解和感知是地方化的、细节化的。在蒙古国的荒漠草原地区，人们会区分暴雨和细雨，并认为两种雨都是近来气候变化导致的。[③] 在内蒙古东北部的呼伦贝尔，有一片广阔的牧场，当地人会解释某年某时的干旱如何影响草场某种植被的品质。当然，对环境威胁的主位感知并不限于确切的观察："对环境受人类行为影响的感受，要比对自然进程的观察更为强烈。"[④] 这也嵌入使用恰当方式利用自然以娱神的本土意识当中。

有不同的规则规定着人们应当如何对待自然环境及其中生物。其主要的理念是，环境中的人类与非人类、生命体与非生命体的理想状态应当是通过人类恰当的行动而维持和谐。人类只可以使用他们日常生存所需的自然资

---

① 关于此问题的详细分析，参见 Humphrey［1998（1983）］、Merkle（2013）以及 Sneath（2000）。

② Rita Merkle, "Fifty Years of Transformation: the Decline of Nomadic Pastoralism in China—a Case Study from Inner Mongolia", *Études mongoles et siberiennes, centrasiatiques et tibetaines*, 2013, pp. 43 – 44. Caroline Humphrey, David Sneath, *Culture and Environment in Inner Asia*, Cambridge, The White Horse Press, 1996. Marius Warg Næss, "Climate Change, Risk Management and the End of Nomadic Pastoralism", *International Journal of Sustainable Development & World Ecology* 20 (2), 2013, pp. 122 – 123.

③ Andrei Marin, "Riders under Storms: Contributions of Nomadic Herders' Observations to Analysing Climate Change in Mongolia", *Global Environmental Change* 20, 2010, p. 167.

④ Caroline Humphrey, Marina Mongush, B. Telengid, "Attitudes to Nature in Mongolia and Tuva: a Preliminary Report", *Nomadic Peoples* 33, 1993, p. 53.

源，譬如畜群所需的草地和水。神灵和土地上的其他魂灵应当被定期供养，这样表明人类能意识到灵的存在并对其负责。恰当的行为还包括不损害环境，譬如人们不能用血和垃圾污染水源，因为水被认为是神圣的，可能是龙神的居所。

因此，过度使用资源、砍伐树木以及其他的破坏行为被认为是不当的行为，会造成人与自然之间的失调。当地人认为这种失调就是神灵在向人类复仇。这说明这样一种理念，即当地人认为灾祸源自神灵的怒火。神和其他的魂灵可以带来好运和丰茂牧场，但他们如果被打扰，也会变得有害并带来厄运。北亚有不计其数的故事，讲述神灵如何惩戒人类的不端行为。Merlan 记录了在北澳大利亚的土著当中，由于外来者不断侵入传统土地，祖灵之蛇被从其旧居中驱逐出来，最后在该地区竟被完全清空，人们因此无所依托。[①] 在呼伦贝尔，常有这样的故事：某人在用垃圾污染了河流之后生病，又有某人在敖包上粗暴打破一瓶酒之后失去了一条腿。人们必须遵循特定的规则来保护环境，在敖包圣地也必须有恰当的行为方式。

过去的十年里，敖包已经变成生态恢复之地，当地人试图重新平衡由环境威胁造成的失调。同时，敖包也是政治权威建立环境保护话语的首选之地。分布在野外各处的敖包，是本土自然观念的组成部分，今天成为蒙古人环境保护的象征，也被用来服务政治话语。

敖包：环境保护的政治话语之地

在北亚的很多地方，环境恶化和气候变化对城乡居民而言都是严峻问题。在乌兰巴托和呼和浩特这样的大城市，人们抱怨空气污染；而乡下的牧民则面临草地荒漠化和缺水等问题。环境威胁影响了数百万人的日常生活，也影响了经济发展。因此，中国和蒙古国政府都发起若干国家项目以保护和修复环境。这些环境政策不断调整，从应对空气、水源和土壤污染问题，到与滥伐森林和濒危物种灭绝问题抗争。在蒙古国，政府“于 20 世纪末建设了一个由自然公园和严格的保护区构成的生态系统”。[②]

① Francesca Merlan, *Caging the Rainbow: Places, Politics and Aborigines in a North Australian Town*, Honolulu: University of Hawaii Press, 1998.

② Christopher Atwood, *Encyclopedia of Mongolia and the Mongol Empire*, New York, Facts on File, 2004.

边境的另一侧，中国政府也建立了自然保护区体系并颁布很多环保优先的法律，以此维持经济发展并保护脆弱的生态系统，[①] 包括但不限于"草地恢复政策"[②]、季节轮牧[③]、牧场围栏和力图将牧民由牧场安置到村庄的"生态移民政策"等。在内蒙古，现在敖包周围可能被设立了围栏，提醒人们牧场要服从生态政策。民族国家向人民及其环境施以法律、话术、义务、管制等框架的目标，被一些学者称为"绿色治理术"[④]。敖包及敖包祭祀作为"绿色治理术"的组成部分，已经变成政策传达的理想地点。笔者认为，敖包曾经被用来表达国家对蒙古文化及认同的尊重，现在也依然是这样，如今还被用来宣传环境保护。

过去几个世纪的蒙古历史中，敖包始终是传达政治行动的首选之地。敖包之所以成为政治话语传达的合适地点，因为它们是著名的聚众场所，很容易动员群众从而获得支持。在敖包祭祀中，集体的参与者共享对神灵的顺服。20 世纪初，一些经过蒙古文化地区的旅行者、学者和其他观察者们注意到祭敖包是政治领袖获得公共合法性的主要途径。英国学者 Pollard-Urquhart 于 1935 年经过锡林郭勒盟（内蒙古东部）的时候，被邀请参与德王组织的敖包祭祀。德王的蒙古名为德穆楚克栋鲁普（1902 ~ 1966），是苏尼特右旗旗长和锡林郭勒盟盟长。Pollard-Urquart 观察到德王在随从簇拥下的政治表达，反映了地区领袖和政治下属之间的关系。[⑤] 这在蒙古文化地区很常见，领导人现身敖包祭祀以强化他们对土地及下属的权力，并传达信

① 对中国环境政策及过去三十年来五个主要阶段的全面分析，参见 Biechele-Speziale, "Chinese Environmental Protection Policies and Implementation", *Honors College Capstone Experience*, Thesis Projects, Paper 738, Western Kentucky University; Wang Lijun, "The Changes of China's Environmental Policies in the Latest 30 Years", *Procedia Environmental Sciences* 2, 2010, pp. 1206 - 1212。

② 王向阳、王济民、张蕙杰、杨汝荣：《中国西部牧区退牧还草的政策支持》，《农业经济问题》2003 年第 7 期。

③ Hu Yunfeng, Batu Nacun, "An Analysis of Land-use Change and Grassland Degradation from a Policy Perspective in Inner Mongolia, China, 1990 - 2015", *Sustainability* 10 (4048), 2018, pp. 1 - 22.

④ Åshild Kolås, "Degradation Discourse and Green Governmentality in the Xilinguole Grasslands of Inner Mongolia", *Development and Change* 45 (2), 2014, https://onlinelibrary.wiley.com/doi/full/10.1111/dech.12077. Emily T. Yeh, "Green Governmentality and Pastoralism in Western China: 'Converting Pastures to Grasslands'", *Nomadic Peoples* 9 (1 - 2), 2005, pp. 9 - 30.

⑤ Arthur Lewis Pollard-Urquhart, "An Obo Festival of Western Sunit", *Journal of the Royal Central Asian Society* 24 (3), 1937, p. 459.

息。Sneath 记录了“敖包仪式是高度政治化的，会指示那些人类社群的合法代表也代表着与超自然世界的关系”。[①] 尽管敖包曾被禁止，但在 20 世纪 80 年代中期和 90 年代的北亚地区，它们被逐渐重建起来，并带来祭祀活动的重兴，成为政治、区域和身份的展示之所。敖包很快成为当地民众和政治领袖有力的象征和关键场所：当地民众急于表达与敖包的关系，他们认为这是他们“传统文化”中不可缺失的要素；而政治领袖则将敖包视为国家认同的话语表达途径。

不同层级敖包仪式的不断增长，是与蒙古国和中国的社会经济变革及其带来的政治话语的不断发展同时发生的。国家和旗层级的敖包祭祀中，政治话语的关注点已经从蒙古族身份的表达转向了环境保护。20 世纪 80 年代，Sneath 于呼伦贝尔的巴尔虎蒙古人中观察到，地方政府组织了第一次敖包祭祀，个人和群体随之效法。[②] 20 世纪 90 年代，敖包祭祀更多地出现，并作为蒙古族集体身份和传统复兴的一部分，这也是祭拜活动中政治话语的核心要素。蒙古国政府还建立了官方的敖包圣山：第一座于 1994 年建于肯特省的肯特山，随后建立了更多座，“总统在讲话中强调敖包仪式的重要性，它是在民主时代对蒙古传统、历史、人和环境的颂扬”。[③] 如今蒙古国有十处国家级敖包，由前总统额勒贝格道尔吉（Elbegdorj）于 2004 年批准。[④] 在中国，祭敖包的复兴也被认为是“少数民族”文化再现和“传统重建”的组成部分。[⑤] 祭敖包在蒙古地区日渐普遍之后，于 2006 年被列入中国国家级非物质文化遗产名录并成为当地人所称的“草原文化”的不可分割的部分。[⑥] 在今天的蒙古国，官方鼓励祭拜自然，并支持矿业公司要保护当地的

① David Sneath, “Nationalising Civilisational Resources: Sacred Mountains and Cosmopolitical Ritual in Mongolia”, *Asian Ethnicity* 15 (4), 2014, p. 461.

② David Sneath, “The Oboo Ceremony among the Barga Pastoralists of Kholon Buir, Inner Mongolia”, *Journal of the Anglo-Mongolian Society* 13 (1 -2), 1991, p. 58.

③ David Sneath, “Political Mobilization and the Construction of Collective Identity in Mongolia”, *Central Asian Survey* 29 (3), 2010, p. 259.

④ Jessica Madison-Pískatú, The Center may not Hold: Sacrifice, Love, and Uncertainty at Altan Ovoo's National Takhilga, Draft Paper Presented at the Conference: Points of Transition: Ovoo and the Ritual Remaking of Religious, Ecological, and Historical Politics in Inner Asia, University of California Berkeley, 2019, p. 1.

⑤ 邢莉：《当代敖包祭祀的民间组织与传统的建构——以东乌珠穆沁旗白音敖包祭祀为个案》，《民族研究》2009 年第 5 期。

⑥ 王其格、塔娜：《敖包祭祀与草原文化》，《内蒙古民族大学学报》2010 年第 3 期。

圣地。[①] 环境保护和生态意识成为蒙古传统的新的核心价值，也成为政府推行的文化认同。

国家和地方（旗、苏木和嘎查）官员密切参与到祭敖包的组织活动中，他们也是祭拜活动不可缺少的参与者。他们提供供品、那达慕获胜者的奖品以及酬谢喇嘛的钱。领导者的重要性体现在敖包周遭的位置等级中，喇嘛诵经时，他们坐在喇嘛身旁的前排尊贵座椅上。过去几年中，在敖包祭祀的演讲中，环境保护已经成为一项关键主题。

最初嵌入环境政治话语的象征行为是祭拜者敬献给神灵的供品。在中国，除了羊头（有的地方是敬献全羊），供品还包括蜡烛、蛋糕、水果、奶制品、酒和哈达，都被放置在石堆前面。它们一般被装在塑料袋和玻璃瓶里，之后被丢弃在原地，留下大量垃圾。从 2010 年代中期开始，在祭拜活动之后清理垃圾成为呼伦贝尔地方官员倡导的一项生态责任，以此来保护自然环境。每一位参与者都被要求遵守规矩；仪式结束之后，有专人负责回收塑料袋和空瓶子。2011 年，内蒙古自治区佛教协会设立了八年保护计划，提供环保服务，例如在佛寺、敖包和其他祭祀区域的周围建立特别的哈达点，以避免哈达对环境造成的负面影响。[②] 这些新的生态规约是敖包复兴的一部分，结合了一种新的生态维度，在政府的领导下[③]通过各种行动“继承和重塑传统”[④]。祭敖包和环境关怀在蒙古族“传统文化”中密不可分，也是一种政治资源。国家和地方政府的目标是通过为圣地建立生态标准来平衡不恰当的人类行为。同样，一些重要圣山上的敖包也成为环境保护的有力象征。蒙古国乌兰巴托最大佛寺以南的博格多山已经变成保护区，[⑤] 而中国呼伦贝尔西部的博格多山也有自己的自然保护区，以保证人们可以欣赏圣山周

① Ganzorig Davaa-Ochir, Oboo Worship: The Worship of Earth and Water Divinities in Mongolia, M. A. Thesis, University of Oslo, 2008, p. 16.

② Bolor Lkhaajav, Dilemma of the Sacred Lands: Ovoo and Its Environment, Draft Paper Presented at the Conference: Points of Transition: Ovoo and the Ritual Remaking of Religious, Ecological, and Historical Politics in Inner Asia, University of California Berkeley, 2019, pp. 11 - 12.

③ 乌仁其其格：《政府主导下的民间信仰——基于额尔敦敖包祭祀的田野考察》，《西北民族研究》2012 年第 3 期。

④ 张曙光：《传统的保持与再塑——关于白音敖包祭祀组织的观察与思考》，《大连民族学院学报》2010 年第 12 期。

⑤ Christopher Atwood, *Encyclopedia of Mongolia and the Mongol Empire*, New York, Facts on File, 2004, p. 166.

围的风景。[①] 在政治话术的描述里，蒙古草原上有五彩斑斓的敖包，俯瞰着被保护着的自然风景。对政府人员和普通参与者而言，参与祭敖包是表达其关注环境保护的有效方式。确实，蒙古族文化传统复兴与环境保护是同步进行的。此外，“很多知识分子将祭敖包视为建立社区环保意识的重要中介”。[②]

敖包及其祭祀是地方实践和政治话语进化的有益指标。敖包起初是蒙古族传统文化的象征，现在是蒙古国和中国的生态保护象征。

使雨落下：祭敖包及仪式实践针对环境威胁的调整

敖包是政治话语、政治行动的理想地点，它们对当地人而言依然是很重要的圣地。敖包是人神之间的有力中介，人们向神提出各种祈求。社区安康富足、牲畜繁衍以及草场丰茂都是祭拜者常见的祈求。不过，消除环境威胁的新祈求已经出现，有些时候还导致祭敖包仪式内容的调整。

在北亚，人们针对生态变化的解释越来越广泛，尤其是那些严重依赖自然资源的游牧民。从2000年代中期以来，大力发展“广阔美丽草原”旅游业的呼伦贝尔，时常被干旱困扰。当地人这样形容干旱导致的各种外在表象：5月，本应转绿的草地依然是黄色的。因为缺雨，草也变得不一样了。2019年5月，俄罗斯和蒙古国的几次火灾加剧了本就干燥的草地的旱情。内蒙古自治区其他地方时常发生的严重干旱、暖冬和酷夏都被认为是主要的环境威胁。[③] 除了环境恶化的外在表现，人们还会描述其直接影响，如冬季饲草匮乏，畜群遭受草场退化、水质恶化之害。气候变迁的地方话语往往伴随着各种调适策略。这种可能被称为“生态适应力”的行动，嵌入放牧技术、经济措施和日常仪式当中。例如，在内蒙古，牧民日益依赖远距离游牧，以理性地使用草场并温和地克服自然灾害。

人们通过游牧实践表明其生态适应力，同时也调整他们的仪式实践及信

① 孛·蒙赫达赉：《试论以宝格德乌拉为代表的敖包文化》，《呼伦贝尔学院学报》2006年第5期。

② Ganzorig Davaa-Ochir, Oboo Worship: The Worship of Earth and Water Divinities in Mongolia, M. A. Thesis, University of Oslo, 2008, p. 129.

③ Wang Xiaoyi, Zhang Qian, "Climate Variability, Change of Land Use and Vulnerability in Pastoral Society: A Case from Inner Mongolia", *Nomadic Peoples* 16 (1), 2012, pp. 68 – 87.

仰以应对环境变化。Lavrillier 记录了在西伯利亚以狩猎和放养驯鹿为生的通古斯人当中，气候及环境变化已经深刻改变了人与环境的关系，包括宗教实践。环境变化促使他们创造新的仪式、再造萨满传说并出现了土著预言家。① 在蒙古族地区，气候变化和环境脆弱性已经导致了仪式变革。敖包及其年度祭祀启发我们看到北亚地方社会如何针对生态威胁调整自己的仪式信仰和仪式实践。敖包是生态适应力的象征，是人们平衡生态失调所使用的神圣中介。

按照主位的集体表述，敖包被认为具有某种特定的联通能力。敖包的力量在于其通过供品和祭拜创造出人与神之间联结的能力。通过这种联结，诸如石头、肉、香和其他礼物等物质资源被供奉给神灵，以换取非物质的回报，譬如财富、能量、庇护等。环境保护也是由敖包联结的神灵赋予的非物质回报。人们相信最具力量的灵栖居在自然当中，因而最具效力的仪式必须在自然环境中举行。但如果自然环境已经被毁坏了，惹怒了神灵，当地人又如何得到自然神灵的善意并从中得益呢？

政治领袖的代表在敖包祭祀中扮演关键角色，他们发表演讲倡导保护环境，带着整个社区的信众祈祷、行仪和献祭。仪式内容的调整有很多种具体方法，包括祈祷时召唤特定神灵而忽略其他，或者更改举行仪式的日期。解决环境问题近来已成为敖包仪式的中心。在年度祭祀中，人们祈祷保护环境。更准确点说，信众和仪式专家（通常是喇嘛，有时也会是萨满）的关注点都为雨水。雨的象征是祭敖包的基本要素。蒙古人通常相信一次成功的敖包祭祀之后都会下雨，代表神灵对祈祷和供品表示满意。同样，蒙古族佛教宇宙观是由各种与水有关的龙神组成的。敖包也通常俯瞰着水源，以吸引这种神灵。水与龙有关，龙被认为控制着雨和水；或者说，它们有对抗干旱的能力。这也是为什么近年来祭敖包对龙神特别关注，要特别取悦它们。因此，过去三十年的呼伦贝尔，喇嘛强化了献给龙神的祈诵。喇嘛一般会在祭敖包前几天向龙神诵经。不过，为了向龙神表达意愿有多么强烈，喇嘛将这些祈诵延长，持续数日之久。

以仪式调整来平衡环境失调的另一个例子是布里亚特人，他们在呼伦

① Alexandra Lavrillier, "Climate Change among Nomadic and Settled Tungus of Siberia: Continuity and Changes in Economic and Ritual Relationships with the Natural Environment", *Polar Record* 49 (250), 2013, pp. 260 – 271.

贝尔南部的鄂温克自治旗有几座敖包。按照惯例，人们按特定的顺序祭拜这些敖包，而祭拜顺序取决于喇嘛制定的天文历以及圣堆的历史重要性。在这几座布里亚特敖包中，巴音汗敖包通常是第一个被祭拜的，因为其是于20世纪20年代由布里亚特人在中国领土上建立起来的第一个圣堆。2017年夏天，草场受到连续数月的严重干旱影响。7月，喇嘛决定首先在额尔德尼敖包祭拜，因为它被认为拥有最强大的龙神。因此，举行仪式的日期是可以为了地方环境相关目的而调整的。今天，人们为了求雨而更改或调整仪式行为已经很常见了。布里亚特敖包的例子显示的是宗教领袖选择新日子聚集整个社区，而仪式行为的变革和调整也发生在个人层面上。很多牧民会特意经过敖包，献上供品以求雨；很多老人会坚持每天向窗外天空中洒牛奶，同时念特定的咒语，以此求雨。调整敖包祭祀和仪式行为的一项功能就是在人与神灵之间再造一种平衡，以影响神灵并营造一个更好的环境。

敖包被视为圣山的一种自然延伸，被认为可以影响超自然力。敖包也代表着一种挑战，与栖居在蒙古族神圣土地之上的各种神灵和谐共处的挑战。在当今的北亚，祭敖包不仅是宗教及族群复兴的生动表达，也突显了仪式、政治和环境变迁之间的联结。几个世纪以来，敖包一直是政治和仪式行动最重要的场所。正因如此，敖包被认可为环境保护的有力象征。敖包及敖包祭祀已经成为政府工作人员及信众保护家乡环境的表达方式。敖包不仅被用来支持政治话语，也是象征性保护自然及其相关地方实践的主要场所。

What Do *Oboo* Cairns Tell Us about Environmental Issues in Northern Asia? Emic Ecological Knowledge, Political Discourse and Ritual Actions in the Grasslands

Aurore Dumont

Abstract: In this article the relationship between *oboo* cairns and environmental issues in Northern Asia is explored. We argue that *oboo* worship lie at the intersection of emic ecological knowledge, political narratives and adaptation to climate change. After outlining the way local populations interact with the deities inhabiting the natural environment, the article describes the way environmental degradation has affected people and their economies. It then shows that *oboo* became major sites for both local and national authorities in terms of conveying a political discourse on environmental preservation. Finally, the article analyses how locals have adapted *oboo* ritual content in order to face climate change.

Keywords: *Oboo*; Northern Asia; Environmental Issues

"居而不定"和"定而不居"间的选择：敖鲁古雅鄂温克的生态知识体系和民族文化困境

林　航

摘要： 敖鲁古雅鄂温克人作为我国仅有的使鹿民族，在长期生活实践中探索并积累了丰富的与驯鹿相关的生态知识，并将其内化为本民族的物质和精神文化的重要组成部分。本文通过梳理敖鲁古雅鄂温克人的历史发展脉络，聚焦自20世纪50年代初至今的多次搬迁轨迹，解析敖鲁古雅鄂温克人生活方式的改变和其与驯鹿间关系的变迁，由此探讨不同时期鄂温克人对驯鹿生物特性的认知和文化含义的理解。结合对根河市敖鲁古雅鄂温克民族乡的探访调查，考察生态环境改变、生存场域变化、外来文化涌入等对敖鲁古雅鄂温克人生活方式和民族文化的影响，分析其遭遇的困境和背后的原因，并以此为案例思考环境变化与民族文化适应性和延续性的紧密联系。

关键词： 鄂温克族　驯鹿　生态知识　民族文化

作者简介： 林航，博士，德国汉堡大学写本文化研究中心博士后。现任杭州师范大学人文学院教授，入选浙江省海外高层次人才引进计划、浙江省高校"钱江学者"特聘教授、浙江省151人才第一层次、杭州市全球引才"521"计划。

敖鲁古雅鄂温克人作为我国仅有的使鹿民族，把驯鹿（Rangifer tarandus）作为最重要的生活资料和生产资料，在长期的生产实践中逐步探索并积累了独特的饲养、管理和治愈驯鹿疾病的本土知识，有效保持了驯鹿种群的生存和稳定发展。另外，敖鲁古雅鄂温克人也将驯鹿融合进自身的社会组织和文化构建中，将其视为鄂温克族物质和精神文化的重要组成部分，形成了带有鲜明驯鹿风格的民族特质。自 1957 年以来，敖鲁古雅鄂温克人经历了四次集中搬迁，从额尔古纳河畔的奇乾搬至满归，后又迁于敖鲁古雅河畔，并最终移至根河市郊。从迁徙于山林到定居，鄂温克人的生活境遇在很大程度上有了提高。然而，这样的搬迁也使得鄂温克人和他们的驯鹿离开了赖以生存的场域，加之外来文化的涌入，导致传统社会生活和民族文化传承陷入危机，其中一部分人更是选择以一种新的方式回到森林，以继续原有的经济形态和生活方式。

本文关注多次搬迁给敖鲁古雅鄂温克人生活生产方式和民族文化带来的多重影响，通过梳理敖鲁古雅鄂温克人从"居而不定"到"定而不居"再到"居定并存"的变迁脉络，解析不同时期鄂温克人对驯鹿生物特性的认知和文化含义的理解。在此基础上，结合笔者 2011 年春对内蒙古根河敖鲁古雅鄂温克民族乡的探访调查，重点考察 2003 年生态移民搬迁前后的变化，分析其遭遇的困境和背后的原因，并以此为案例思考环境变化与民族文化适应性和延续性的紧密联系。

一 鄂温克驯鹿驯养在我国的分布和发展

根据贝加尔湖附近赤色砂岩上的狩猎驯鹿图和俄罗斯伊尔库斯克博物馆收藏的安加拉河流域出土的驯鹿化石，普遍认为人工饲养驯鹿公元前 2000 年左右起源于贝加尔湖地区。俄国历史学家史禄国（Sergei Mikhailovich Shirokogorov）在《北方通古斯的社会组织》中提出驯鹿文化的传统源于北方通古斯。[①] 按照史禄国在书中的描述，任国英教授将"通古斯"定义为鄂温克族群或鄂温克 - 鄂伦春族群。[②] 鄂伦春人曾经为使鹿民族，"鄂伦春"一词的本义亦为"使用驯鹿的人"。[③] 但 18 世纪中期时，鄂伦春人引入了马匹，并逐渐以马代鹿，从驯鹿人变为骑马的狩猎人。由此，鄂温克族（俗

① 〔俄〕史禄国：《北方通古斯的社会组织》，吴有刚、赵复兴、孟克译，内蒙古人民出版社，1984，第 44 页。

② 任国英：《满 - 通古斯语族诸民族物质文化研究》，辽宁民族出版社，2001，第 177 页。

③ 任国英：《满 - 通古斯语族诸民族物质文化研究》，辽宁民族出版社，2001，第 178 页。

称使鹿鄂温克）是目前我国境内唯一饲养驯鹿的族群，其继承的驯鹿文化最古老也最深厚，而我国的驯鹿也仅见于大兴安岭西北坡林区。

“鄂温克”是鄂温克族的自称，鄂温克语意为“俄格都乌日尼贝”，汉语意为“住在大山林中的人们”。“鄂温克”一词词尾的“克”，在鄂温克语中音“ki”，因而在英语中被表述为Ewenki或Evenki。此处的山林，指的是贝加尔湖以东的伊卡茨基山脉、雅布诺威山脉、维提姆台地、外兴安岭等连绵的群山和森林地区，鄂温克人称其为“俄格都”（亦称“俄格登”）。① 鄂温克人的祖先从公元1世纪起逐渐从发源地贝加尔湖地区向外扩张，其中一支向东至黑龙江上游、外兴安岭一带的山林地区游猎生活。随着鄂温克人与中原王朝接触增加，关于他们的记载逐渐出现在史籍中，但并未以“鄂温克”为名称，而冠之以“室韦”“鞠部”等名。从成书于5世纪的《梁书》开始，《魏书》《隋书》《旧唐书》《文献通考》《辽东志》等文献中均记录了鄂温克先民养鹿和乘鹿驭驮的特征，持续记载了鄂温克文化中驯养驯鹿的狩猎经济形式和风俗习惯。由古代传承而来的驯鹿驯养技术体系，虽经历了历史变迁，依旧为当今鄂温克人所掌握，处于活态传承之中，而很多鄂温克年长者，也依然能娴熟地掌握相关的知识。

根据历史学家吕光天的研究，17世纪初我国境内的鄂温克人主要有三支：第一支是居住在贝加尔湖以东赤塔河流域使用马匹的鄂温克人，被俄人称为“通古斯”人；第二支人数最多，被称为“索伦部”，居住在贝加尔湖以东石勒克河和外兴安岭一带；第三支是原住在贝加尔湖西北的使鹿鄂温克人，于18世纪初迁入额尔古纳河河畔，被称为“雅库特”人。② 17世纪初，东北地区的女真族再次兴起，于1640年左右接连对鄂温克人展开征讨，后清朝将大兴安岭东麓的鄂温克人及嫩江上游地区的达斡尔人等纳入八旗制，从1667年开始编佐，以佐领制取代氏族首领制，统称为“布特哈部”或“打牲部”。“布特哈”为满语，汉语意为“打牲”，因鄂温克等部主要从事狩猎而得名。③ 随着俄罗斯在17世纪后期向远东地区扩张，鄂温克人开始从贝加尔湖畔向东迁徙，其中雅库特人的一支于约1820年越过黑龙江来到额尔古纳河南岸的大兴安岭北部林区，他们即为今天内蒙古根河地区的

① 内蒙古自治区编辑组编《鄂温克族社会历史调查》，民族出版社，2009，第129页。

② 吕光天：《鄂温克族》，民族出版社，1983，第5～6页。

③ 吕光天：《清代布特哈打牲鄂温克人的八旗结构》，《民族研究》1983年第3期，第24页。

敖鲁古雅鄂温克的先民。

1957 年底，根据鄂温克人的历史传承，党和政府决定将“索伦”“通古斯”“雅库特”统一称为“鄂温克族”，并在额尔古纳河下游右岸的奇乾建立了鄂温克民族乡。1965 年，鄂温克民族乡迁往孟库依河南岸的满归，并与满归镇合并。1973 年再次单设民族乡，迁到敖鲁古雅河畔，更名为敖鲁古雅鄂温克民族乡（俗称老敖乡）。2003 年，老敖乡的 62 户共 162 名鄂温克居民搬迁至根河市西郊 5 公里处，成立了新的敖鲁古雅鄂温克民族乡（俗称新敖乡）。至 2010 年，新敖乡行政区划为 1767.2 平方公里，辖 445 户、1390 人，由鄂温克、达斡尔、蒙古、满、回、俄罗斯和汉 7 个民族组成，其中鄂温克族 232 人（包括居住在外地的）。①

鄂温克猎民在中华人民共和国成立前经历了艰苦凶险的战争年代，1938 年至 1945 年，鄂温克猎民人口从 253 人下降至 170 人，驯鹿亦由 853 头锐减至约 400 头。② 到了 1979 年，经过多年发展，鄂温克猎民人数增至 191 人（包括在外地就业、居住的），驯鹿达到约 1080 头。③此后，2003 年搬迁后政府曾尝试推广驯鹿圈养，并修建了 48 个、每个面积为 350 平方米的砖瓦结构鹿舍，但鄂温克驯鹿总数逐年下降，1993 年时为 904 头，2004 年时为 603 头，到 2013 年时仅剩 526 头。④ 这些驯鹿成为我国现有的唯一驯鹿种群，它们生活在大兴安岭北部，位于东经 121°05′4″～122°53′00″、北纬 51°20′4″～52°30′00″，活动范围大抵东至卡马兰河和呼玛河交汇处，南至汗马自然保护区，西至满归，北至敖鲁古雅河畔，活动面积约 70 万公顷。

二　鄂温克族的驯鹿生态知识体系

鄂温克人移居大兴安岭地区后，世代使用驯鹿游猎在内蒙古自治区额尔古纳河流域的原始森林中。鄂温克人很早就认识到了驯鹿的生活特

① 谢元媛：《生态移民政策与地方政府实践——以敖鲁古雅鄂温克生态移民为例》，北京大学出版社，2010，第 127 页。

② 谢元媛：《生态移民政策与地方政府实践——以敖鲁古雅鄂温克生态移民为例》，北京大学出版社，2010，第 178 页。

③ Richard Fraser, “Forced Relocation amongst the Reindeer-Evenki of Inner Mongolia,” *Inner Asia* 12 (2010): 321.

④ 钟立成、朱立夫、卢向东：《我国驯鹿起源、历史变迁与现状》，《经济动物学报》2008 年第 2 期，第 103 页。

性，发现驯鹿浑身是宝，用途极广。根据对鄂温克人的访谈，他们很早就养鹿了：

> 听说最初我们主要猎驯鹿是食用的，用鹿皮做衣服和撮罗子（帐篷），不是把驯鹿抓过来养的。在打猎中打到的小鹿仔不舍得杀死，特别是猎物吃不完的时候。而且小鹿很招人喜欢，性子温和，喜欢与人接近，所以就把小鹿仔养起来了。我们一出生家里就有驯鹿，谁也不知道我们什么时候开始养鹿的，驯鹿就一代代的传下来了。①

从中可见，鄂温克人在狩猎过程中逐渐发现家养驯鹿是一种储备食物的手段，可以弥补猎物获取的不足。而在驯养过程中，驯鹿的其他特性也逐渐被认知。首先，驯鹿觅食迁徙的习性与鄂温克猎人在森林中游猎的生活方式相符合，而驯鹿能够吸引来它们的天敌，正好成为鄂温克猎人的捕猎目标，帮助获得更多的猎物。为了与驯鹿的迁徙特性相配合，鄂温克人也遵循着相对固定的迁徙路线和频次，大致以一年为一个周期。其次，驯鹿有很强的负载能力，是骑乘、运货的重要役使工具。驯鹿宽大的蹄可以使它毫无困难地在森林沼泽中行走，也可以穿越灌木丛，踏过碎裂山岩。驯鹿 1 岁以后便可载重，成年后可驮运货物约 40 千克，行走时速 5 ~ 6 公里，一天可连续行走 60 公里左右。用鹿拉雪橇时，一辆雪橇可载重 100 ~ 160 千克，发挥着牛马不可替代的作用，使鄂温克猎民能够游猎于广袤森林中。猎犬与驯鹿构成了鄂温克猎人的得力助手，正如鄂温克猎人常说的，“有一只驯鹿，有一只猎犬，打猎时特别省劲。驯鹿可乘骑驮运货物，猎犬阻止野兽逃跑，猎人便于游猎于山林中”。②

从 20 世纪 70 年代末开始，大兴安岭森林的野生动物数量和种类因林区开发和火灾逐渐减少，鄂温克人传统捕猎的动物明显下降。随后，国务院颁布了《中华人民共和国野生动物保护法》和《中华人民共和国枪支管理法》等，鄂温克人的生计方式逐步由传统渔猎向驯鹿经济转变。1977 ~ 1981 年，政府建立了畜牧兽医站、驯鹿圈养实验基地等，并将驯鹿饲养承包到户。1995 年又斥资 60 余万元从俄罗斯赤塔引进良种驯鹿 30 头，用于培育和改

① 张新杰：《驯鹿鄂温克生计方式研究》，中央民族大学出版社，2012，第 17 页。

② 阿本千：《鄂温克历史文化发展史》，中国社会科学出版社，2015，第 46 页。

良驯鹿品种。虽然积极探索驯鹿圈养，但拥有驯鹿的鄂温克人仍然遵循传统的饲养方式。2003 年，62 户 162 名鄂温克人整体搬迁到了新敖乡定居，但由于驯鹿不习惯圈养，很快出现了病症，迫使 40 余人又返回到了山林中继续放养驯鹿。2016 年，有 7 个猎民点分布于南至根河、北至阿龙山之间的大兴安岭中，其中距离新敖乡最近的约 20 千米，最远的约 250 千米。[①] 猎民点的规模不一，少则两三人，住一个帐篷，放养 20 余头驯鹿；多则十二三人，分住三个帐篷，看护约 300 头驯鹿。

不同于西伯利亚的苔原牧鹿和北美洲北部的猎杀野生驯鹿，鄂温克人在山林中养鹿，可称为“森林牧鹿”。[②] 虽然经历了多次搬迁，鄂温克猎民的生活中也增加了不少现代化设施，但鄂温克驯鹿的饲养至今仍保持着传统自然经济的形态，管理驯鹿的方式并没有发生显著的变化。鄂温克人饲养驯鹿的主要劳动可分为非季节性和季节性两大部分。非季节性的日常劳动主要包括搭鹿圈、喂食、找鹿、清点鹿群。根据驯鹿的生长周期，季节性劳动主要包括架蚊烟、治疗疾病、割茸、挤奶、帮助母鹿认仔等。

鄂温克人采用传统的散养方式养驯鹿，任其自由觅食，主要由驯鹿喜食苔藓的饮食结构决定。由于森林中的苔藓和菌类植物很少大面积集中分布，驯鹿需要不断地迁徙觅食。每到一处新的地方，首先要搭建鹿圈以供驯鹿栖息。搭鹿圈的方法与搭栅栏相同，需要使用大量的落叶松木杆，将它们有序组合以容纳所有的驯鹿，因此劳动强度较大，主要由猎民点的青壮年男性完成。

驯鹿所食的苔藓分为两类：一类生长于地面和石头上，鄂温克人称为“恩靠”；另一类长在桦树、松树及倒木上，鄂温克语为“来维特”。驯鹿不需要由人驱赶到生长苔藓的地方，自己就能寻找到苔藓生长地，在冬天大雪覆盖时亦会扒开雪食用苔藓。由于新敖乡距离根河市区较近，周边的苔藓较少，驯鹿必须跑到更广阔的山林中觅食；而苔藓依然不足时，鄂温克人会定期捡拾苔藓囤积备用。[③] 冬季时苔藓较少，需喂驯鹿豆饼以补充苔藓的不

① Aurore Dumont, “The Many Faces of Nomadism among the Reindeer Ewenki: Uses of Land, Mobility, and Exchange Networks,” in *Reclaiming the Forest: The Ewenki Reindeer Herders of Aoluguya*, edited by Ashild Kolas and Yuanyuan Xie. Oxford: Berghahn Books, 2015: 87 (77 - 97).

② 唐戈：《森林牧鹿——一种新型的游牧方式》，《满语研究》2010 年第 1 期，第 123 ~ 130 页。

③ 王卫平、任国英：《使鹿鄂温克族的生态智慧——基于敖鲁古雅鄂温克民族乡的调研》，《甘肃理论学刊》2012 年第 3 期，第 95 页。

足。乡政府统一为每个猎民点分发 50 千克豆饼，如果不够吃则需自行出钱购买。

除苔藓外，驯鹿喜食盐。鄂温克人根据驯鹿喜盐的特征，利用条件反射的作用，发明了用敲击皮盐袋的方法召唤驯鹿。驯鹿听见声音，便会从远处回到营地，争相舔食盐分。这样的方式使鄂温克人可以很快地召集驯鹿，为管理分散各处觅食的驯鹿带来了许多方便。鄂温克人搬迁时，会事先给驯鹿喂适当的盐，这样驯鹿便更加温顺听话，方便驾驭驮载货物，其行动能力和耐力也大大增加。

在猎民点，鄂温克人每天都会清点驯鹿，此项工作主要由女性承担。鄂温克女性对驯鹿有很深的感情，将驯鹿视为自己的孩子。她们对自家的驯鹿十分了解，单凭记忆便能把数十上百头驯鹿区分开。在外人看来没什么差别的驯鹿，她们都能根据毛色、体形、性情等一一辨认，甚至还能识别不同驯鹿的叫声。鄂温克妇女每天清晨召唤清点驯鹿，无需记号或计数工具，全靠记忆辨认，如果发现少了，就要出去寻找。

寻鹿的劳动强度较大，一般由男性承担。当鹿群刚到一个新营地时，仍会有驯鹿不认识新地点，而在觅食之后回到老营地。特别是夏季苔藓和蘑菇茂盛时，驯鹿可能会跑到很远的地方，给找鹿增加了难度。由于驯鹿野生程度较高，难以很快地被驯服并被驱使到指定地点，有时需要反复多次将驯鹿赶到新地点，因此需要尽快地确定并驯服领头的一头驯鹿，即俗称的鹿王。一般情况下，一个猎民点的驯鹿会自动形成一群，而找鹿的工作主要由这个点的壮年男性劳动力承担。他们几人相互协助，有时需要一天行走百余千米。以前，鄂温克人用鸣猎枪来传递信息，告诉其他人已经找到驯鹿并让他们回营地。近年来，林区安装了一些卫星接收器，移动信号塔也逐渐增多，方便了互相打电话或发信息来沟通，节省了劳动和时间。

三　“居而不定”和“定而不居”的选择

2003 年 8 月，敖鲁古雅的 62 户 162 名鄂温克人从老敖乡搬迁到了新敖乡。在有关此次搬迁的媒体报道和政府文件中，都使用了“生态移民”的说法。生态移民，即政府为保护和改善生态环境，把位于环境脆弱地区的、低密度分散居住的人口集中迁移，安置在环境条件相对较好的地区，形成较集中居住的村镇。[①] 根据鄂温克猎民所驯养的驯鹿因种群质量下降而数量逐渐减少、居住条件落后等情况，根河市在国家西部大开发和十万人口以下少数民族整体脱贫致富的政策指引下，决定对敖鲁古雅的鄂温克猎民实施整体生态移民，并向国家申请到了510万元资金（如算上敬老院和卫生院则为570万元）。2007年，根河市聘请芬兰Pöyry公司为新的敖鲁古雅鄂温克民族乡制定了《敖鲁古雅旅游区开发总体规划》，并先后投入1亿元资金进行整体改造，现已取得国家3A级景区认证。2014年8月，根河市与呼伦贝尔市旅游集团签订了合作协议，共同规划打造敖鲁古雅景区，包括敖鲁古雅国家4A级景区建设、圣诞园、驯鹿园等合作项目。另外，为保护和传播驯鹿文化，2013年在敖鲁古雅举办了世界驯鹿养殖者代表大会，现已有“驯鹿文化”“桦树皮手工制作技艺”和“萨满舞”被纳入了国家级非物质文化遗产名录。

为了获取猎物并让驯鹿有足够的食物，鄂温克人与他们的驯鹿在山林中不断迁移。这些根据森林中的季节变化和驯鹿的习性变化的生计方式，体现了鄂温克人特有的生态智慧和与自然和平共生的本土性知识。在传统理解中，驯鹿以森林中的苔藓、地衣等为主要食物，会对这些植物造成破坏，从而打破本已脆弱的生态平衡。但是驯鹿与羊等其他动物不同，它们主要采食苔藓、地衣等植物的尖端部分，而不是连根食用，因此并不会对这类植物造成灭绝性破坏。现代植物学和环境学的研究也表明，鄂温克人驯养的驯鹿总体数量较小，苔藓的分布完全足够驯鹿采食，因此驯鹿的集中饲养和非集中饲养均不会对一个地区的苔藓植物的生长产生太大的影响。而由于驯鹿在春夏与秋冬季节所采食的食物种类不同，一般只在秋冬季节大量采食苔藓，使苔藓植物每年都有一个较充分的自我恢复期，对苔藓植物的生长其实能起到有效的保护作用。[②] 由此，驯鹿适当地采食苔藓，使其长期保持在一个符合环境承载力的合理生长水平内，一方面可以大量吸收水分并分泌酸性物质，防止水土流失并促进岩面溶解从而为其他植物创造生存条件；另一方面，可以阻止苔藓过多而在地表阻滞水分渗透，影响土壤内气体交换，降低植物根系的吸收。

---

① 孟琳琳、包智明：《生态移民研究综述》，《中央民族大学学报》2004年第6期，第48～52页。

② 张晓英：《中国的驯鹿分布区苔藓植物多样性及驯鹿对栖息地群落的生态影响》，内蒙古师范大学博士学位论文，2016，第27～28页、第32～33页。

驯鹿食物结构多样，具有耐旱性强、适应性强的特点，自身体积较大，能够在高寒地区生存，是大兴安岭地区不可或缺的生物链组成部分。在寒带、亚寒带地区，动植物的品种和分布整体较热带和温带地区有限得多，而驯鹿作为食草动物，其本身也为灰狼、北极熊、棕熊、金雕等肉食动物提供了食物来源。研究表明，瑞典北部的驯鹿放牧区中狼群规模一般较其他区域的大，而通过政府对因狼袭击而造成的损失进行补偿，有效地促进了瑞典狼的种群恢复。[①] 同时，夏季时蚊子、虻虫等喜欢叮咬驯鹿，喜食它们的血液，虽然对驯鹿造成了不小的危害，但也为这些生物提供了食物来源，保证了它们在森林中的合理生存和分布。

鄂温克人长期在林中循环经营驯鹿，与大自然和谐共存，与驯鹿结下了不解之缘，其民族文化也与驯鹿密不可分。驯鹿的饲养管理总体来说是一项对体力要求比较高的劳动，经常需要青壮年男性劳动力，但在当下的敖鲁古雅，实际上该劳动却基本以女性为主。以往鄂温克人主要生活在森林中，一家人或几家人一起饲养和管理鹿群，男女分工，各有所长。但在 2003 年移民搬迁后，敖乡所有的男性鄂温克猎民移居到新敖乡，享受国家发放的护林员工资，猎民的低保也有了较大幅度的增长，根河市的各部门也与每个猎民家庭结对，给予较大扶持。这样的安排本是为了体现政府对鄂温克猎民的照顾，但很多鄂温克青年男性不愿再上山养鹿，而把饲养驯鹿的劳动都交给了女性，特别是较年长的女性。目前从事驯鹿饲养的 40 岁以下年轻人只剩下 2 人。

生态移民工程使鄂温克人的生活条件得到了改善，但随着大量的鄂温克人开始到城镇生活，新一代鄂温克人已经逐渐脱离了祖先们世代生活的山林，面对新的场域环境，鄂温克传统民族文化的传承面临着极大的挑战。现在，鄂温克人已不再狩猎，过去所使用的狩猎工具，如扎枪、地箭、桦树皮滑雪板等也没有人再使用了，只有一两个老人还会制作。兽皮数量的减少、熟皮技艺的复杂，使得鄂温克人的兽皮文化也受到影响，时尚、方便的现代服装成为鄂温克人的日常穿着用品。过去驯鹿是鄂温克人最重要的交通工具，而如今搬家等生产生活活动已被各种汽车和摩托车取代，训练驯鹿骑乘和驮运东西的技艺也濒临失传。鄂温克人世代信奉的萨满教，在早期对鄂温

① P. Wabakken, etc. "The Recovery, Distribution, and Population Dynamics of Wolves on the Scandinavian Peninsula, 1978 – 1998," *Canadian Journal of Zoology* , 1979: 710 – 725.

克的精神信仰、文化习俗等发挥巨大作用，也逐渐淡出鄂温克人的生活，特别是随着1997年最后一名萨满纽拉去世，敖鲁古雅的鄂温克人再也没有举行过任何萨满活动。

四　小结：规划现代化与文化多样性

敖鲁古雅鄂温克人传统驯养驯鹿，在数百年的饲养过程中，鄂温克人积累了丰富的相关知识和技术，使驯鹿成为鄂温克族最重要的生产和生活伙伴。驯鹿不仅为鄂温克人提供了最主要的经济来源，也与鄂温克人的民族文化紧密联系在一起，与他们形成了一种共生关系。鄂温克族的文化中包含了大量关于驯鹿的语言、风俗、习惯等，驯鹿成为鄂温克族的文化核心和民族象征。在长期的森林生活中，鄂温克人把广袤的森林作为他们的家园，逐渐学会了与自然环境和生态规律保持一致，合理均衡地利用生态资源，做到了与自然环境和谐相处。然而随着近几十年来鄂温克生计方式的变迁，鄂温克族也面临着传统文化传承断裂、民族特征逐渐消失的威胁。特别是年轻一代，已相对适应山下舒适的现代化生活，不愿再从事单调的养鹿，很多人将驯鹿卖掉或寄养在别人的鹿群中，渐渐淡化了对驯鹿的感情和饲养驯鹿的知识，使得驯鹿文化即将面临无人传承的窘境。

客观上说，敖鲁古雅鄂温克人今天的生存环境与以往大相径庭，他们的传统文化所依托的自然环境和社会环境都发生了巨大变化。以文化相对主义的观点来看，人与环境的共同作用才产生了相应的文化形态，所有的文化也需要有与之相适应的生存环境才能存续发展。在历次搬迁移民中，鄂温克群体内部也产生了分化：一部分人选择接受新的生活方式，积极自我调整来适应新的环境；另一部分人选择消极对待被改变的生活，感慨现代化进程带来的变化；还有一部分人希望保持本民族的传统文化，选择自我放逐，并逐渐在一种和政府不同的文化价值体系中自说自话。鄂温克人在"居而不定"和"定而不居"间不停游离而难以抉择，产生一种"断裂的痛苦"。[①]

敖鲁古雅鄂温克人的境遇也促使我们对多元文化形态进行再思考。与自然界一样，多元化对人类社会同样有着极其重要的意义。詹姆斯·斯科特

① 谢元媛：《生态移民政策与地方政府实践——以敖鲁古雅鄂温克生态移民为例》，北京大学出版社，2010，第205页。

（James C. Scott）用论证过的一个关于森林多样性的观点来强调保留不同文化形态的重要性——“对于农民来说，单一树种的森林是一个灾难”。[①] 同样，对人类社会来说，单一的文化形态也是一个灾难。自然界中的物种快速消失和单一文化形态之间有一种必然的联系，而我们对这种联系的理解却一直有一种偏差。提倡保留多元文化已为人熟知和认同，但多元文化其实必须存在于多元的自然环境和社会环境之中，而不能被转化为一种强制性保护的简单做法。通过易地搬迁和引入定居来维系民族发展和保护民族文化，这样的初衷值得肯定。但是如何才能保留多元文化的自然根基，保持文化的活态传承，让人、文化、环境相伴相生，仍然需要开展更深入的研究，需要更广阔的视野。

Choice between Residing without Settling and Settling without Residing: Ecological Knowledge and Cultural Dilemma of the Aoluguya Ewenki

Lin Hang

Abstract: As the only reindeer herders in China, the Aoluguya Ewenki have accumulated rich ecological knowledge related to reindeer herding and made it an integral part of their material and spiritual culture. Focusing on their multiple relocations since the 1950s, this article traces the historical development of the Aoluguya Ewenki and examines the changes in their lifestyle and their relationships to the reindeer, thus discussing their understanding of the biological properties and cultural importance of the reindeer. Based on fieldworks conducted at Genhe, this article outlines the impacts of environmental change and outside cultures on the lifestyle and ethnic culture of the Ewenki. Analyzing their multi-level dilemma and possible reasons, it also sheds light on the relationships between environmental changes and the adaptability and continuity of Ewenki ethnic culture.

Keywords: Ewenki; Reindeer; Ecological Knowledge; National Culture

① 〔美〕詹姆斯·C. 斯科特：《国家的视角》，王晓毅译，社会科学文献出版社，2004，第15页。

关于鄂温克驯鹿人和驯鹿的若干问题

龚　宇

摘要： 鄂温克驯鹿人世代与驯鹿为伴，1689 年从俄罗斯贝加尔湖迁移到额尔古纳河森林地带，跟随驯鹿不断迁徙。随着驯鹿放养环境、社会外部环境等发生变化，鄂温克驯鹿人也在不断地适应和调试。

关键词： 鄂温克驯鹿人　驯鹿文化　环境变化

作者简介： 龚宇，硕士，呼伦贝尔学院讲师，研究方向为鄂温克民族文化。

以游猎为生、使用驯鹿的鄂温克人，在康熙二十八年（1689 年）从俄罗斯境内的贝加尔湖附近的勒拿河支流维季姆河流域雅库特州的伊格纳希、勃克罗夫地区迁移到额尔古纳河东南大兴安岭森林中。中华人民共和国成立后，在政府主导下历经中俄边境奇乾（1949 年）—满归十七公里处敖鲁古雅（1965 年）—根河三车间新敖鲁古雅（2003 年）三次大的定居，不同历史时期下的搬迁活动目的不同、意义不同，所产生的效果也各不相同。从他们的生产方式来看，唯一不变的就是驯鹿业持续至今。

一　鄂温克驯鹿人的驯鹿生活

鄂温克驯鹿人饲养驯鹿已有数百年的历史，驯鹿业已经与鄂温克人的生活和社会文化特征紧密地联系在一起，并已成为当地鄂温克人重要的经济来源。

（一）放养驯鹿的环境

驯鹿（Rangifer tarandus）隶属鹿科空齿亚科驯鹿属，环北极广泛分布于欧亚大陆和北美洲，以及寒带、亚寒带的大型岛屿等针叶林和冻土苔原的山地和林区。驯鹿是鹿科中数量最多的物种，全世界现存有 9 个亚种，约 450 万头。我国驯鹿属于西伯利亚森林驯鹿亚种（Rangifer tarandus valintinae），主要分布在俄罗斯西伯利亚针叶林区，1999 年有 20 多万头，我国的鄂温克驯鹿人在 300 多年前由贝加尔湖东部、勒拿河上游迁移至我国的大兴安岭林区。老人们说："那时候的森林没有边际，大树粗的能躲一头鹿，男人们出去一会儿就能打到猎物回来。""森林里什么都有，缺什么就去森林取。"看似玩笑的话，却可见那时候自然生态资源的富饶，针叶林是苔藓最易生长的地带，是鄂温克驯鹿人固定的游牧游猎区域。

2003 年之前，鄂温克驯鹿人的生活区域为我国最北端的苔原地带，驯鹿放养环境保持的相对较好，虽然在 20 世纪大兴安岭森林开发出现原始森林被砍伐、大量人口流入、修建公路铁路等，但当时对自然环境的影响未显现，加之相对闭塞的地域使驯鹿人和驯鹿较少与外界接触。

据鄂温克驯鹿人估计，20 世纪 70 年代以前驯鹿活动总面积约为 800 万公顷以上。老人们回忆，过去最短两三天就要搬一次家，最长十几天必须搬家，鄂温克驯鹿人不停地在中国苔原地带行走，这一点从遍布的鄂温克语地名可知。进入 80 年代后，随着鄂温克驯鹿人的定居和森林的大面积开采等，驯鹿的活动范围也在缩小，面积缩小至 300 万公顷。进入 90 年代，驯鹿活动范围进一步缩小，目前驯鹿经常活动的范围不到 50 万公顷。

（二）外部环境

在第三次搬迁之前，仅引进过一次（1996 年）驯鹿，从俄罗斯引进的 30 头驯鹿已全部融入我国驯鹿种群内。2003 年之前的两次定居活动从根本上改变了鄂温克驯鹿人的传统生活方式，从单一的山上生活转变为二元的山上—山下和单纯的山下生活，从狩猎业和驯鹿业的生存方式转变为多种经济收入（猎民队成立后集体锯鹿茸并售卖鹿茸，以及售卖驯鹿，有的人通过上学进修等成为教师、公务员、木材综合厂等企事业单位工作人员），鄂温克驯鹿人的生活发生了巨大的改变。

2003 年搬迁的定居地为根河市郊的敖鲁古雅，在政府的扶持和鼓励下，鄂温克驯鹿人经过一段时间的适应，逐步开展民俗旅游业。经过十多年的发展，敖鲁古雅已成为呼伦贝尔旅游的重要亮点，是呼伦贝尔北线旅游的必去之地，也是摄影爱好者、自驾游客向往之地，直接增加了鄂温克驯鹿人的经济收入，也使鄂温克驯鹿人的传统驯鹿放养观念悄然改变，冬季在深山中养驯鹿，夏季搬至市区周围交通便利的地区；年轻的鄂温克驯鹿人开始雇用外人养驯鹿，自己在外联络和沟通；带驯鹿拍电影、上电视节目，驯鹿业也不再是传统意义的驯鹿业，时代赋予了鄂温克驯鹿人更多的角色，他们在调适中逐渐适应现代的生存方式。

从 2017 年至今，当地林业局分三批从芬兰引进共计 178 头驯鹿，养殖方式为将从我国鄂温克驯鹿人购买的驯鹿与从芬兰引进的驯鹿放在一个区域内由林业局内部人员管理。从此我国的驯鹿不仅有鄂温克人饲养，还有居住在大兴安岭的林业工作人员饲养。

二　驯鹿人与驯鹿文化的缄默

在近一个世纪里，驯鹿年减少或损失的数量与出生或增加的数量基本持平，驯鹿数量长期保持较低水平主要是受自然、社会以及人为等因素的影响。

（一）盗猎和天敌

非正常死亡威胁驯鹿的发展，盗猎者的盗猎是主要因素，被盗猎的驯鹿占到非正常死亡驯鹿数量的一半以上。自从枪支被收缴以后，盗猎者转而大规模采用下套等办法实施盗猎，下套比枪支猎杀对驯鹿的伤害更大。一个盗猎者一次下套可猎达数百头驯鹿，且常年积累其数量已无法估计，危害有增无减。根据文献资料，科研人员在 2007 年对损失 30 头驯鹿的原因做了详细调查，在导致驯鹿死亡的 7 种原因中（老死、病死、车祸、走失、被其他野生动物伤害、环境污染、盗猎），盗猎占一半以上，天敌伤害仅占到 1/3。据笔者近些年调查分析来看，盗猎和天敌伤害仍是当前驯鹿数量增长受限的主要因素。

（二）转型发展

面对生态恶化和无法避免的人为干预等原因，探索转型发展的新模式，无疑是振兴和扩大驯鹿养殖业的有效途径。随着鄂温克驯鹿人的定居和 2003 年的“生态移民”，鄂温克驯鹿人的驯鹿业转型发展已不可阻挡。2003

年搬迁时，虽然根河市政府为驯鹿搭建了鹿圈，并修建了自来水系统，但结果并不如所预期的。由于驯鹿难以适应圈养环境，出现大批死亡，鄂温克驯鹿人带着驯鹿重返山林。显然当时并没有做好转型发展的充分准备，且对后续出现的问题预期和处理不足，如饲料问题，替代的饲料难以满足驯鹿营养和适口性的需求；管理问题，鹿圈未建立有效的管理技术体系，缺乏针对性的养殖技术，导致出现各种疾病、厌食等问题。因此，如何建立有效的转型发展之路值得思考。

三 思考

世世代代以牧养驯鹿为生的鄂温克驯鹿人在日常生活中已形成了一种驯鹿生活，面对“搬迁”、“禁猎”和“旅游”的外来冲击，鄂温克驯鹿人传统驯鹿生活被打破后出现一系列自我调适阶段的问题，现在处于不断适应阶段。

首先，对于鄂温克驯鹿人个体而言，以驯鹿生活为核心的物质生活和精神生活应该是不能改变的；其次，对于整体的鄂温克驯鹿人社区而言，已经改变传统的驯鹿生活，并出现社会分化。鄂温克驯鹿人虽然没有猎枪，但是他们依然喜欢生活在山林中，鄂温克驯鹿人无疑是受到最广泛关注的“微型族群”，他们在山林中生活上千年所形成的生存哲学无疑是充满智慧的。人类社会发展至今，我们应该以更为深刻的眼光看待他们和我们。

Discussions about Ewenki Reindeer People and Reindeer

Gong Yu

Abstract: Ewenki reindeer people have been accompanied by reindeers for generations. In 1689, they migrated from Lake Baykal to the forest area of Argun River. As reindeer herders, they constantly adapt and adjust themselves to the stocking environment and social external environment. In the paper these relationships are discussed with focus on cultural changes.

Keywords: Ewenki Reindeer People; Reindeer Culture; Environmental Change

节奏与变迁

——一个鄂伦春村庄的民族志研究*

张雨男

摘要： 生活在我国东北地区的鄂伦春人，在经历定居与发展农业的阶段后，部分人口逐渐从狩猎转向农耕。以资源快速消耗、与自然同步的作息和个体与群体切换为特征的鄂伦春族传统日常生活节奏，在发展农业的过程中，逐渐向以农作物剩余的积累、与农作物生长同步和个体与家庭切换为特征的农耕生活节奏转变。鄂伦春族传统日常生活节奏在应对来自外部的"非日常"节奏冲击中形成困境，世代狩猎生活习惯的节奏与农业生活所要求的节奏不相匹配。

关键词： 鄂伦春族　狩猎采集　群体生活　狩猎规则

作者简介： 张雨男，南京大学社会学博士候选人。研究方向为文化人类学，现主要关注鄂伦春族社会文化变迁。

一　问题的提出

生活在我国东北大兴安岭腹地的鄂伦春人，世代以游猎方式为生。在历史上，一部分鄂伦春人不断南迁，到达今天内蒙古自治区鄂伦春自治旗。随着中华人民共和国的建立，这一区域内的鄂伦春人实现了民族历史上的三次跨越。1951 年 10 月成立了鄂伦春自治旗，鄂伦春族从此享有与其他民族同

---

* 本文曾以《鄂伦春族日常生活节奏的变迁与适应》为题，发表于《民族研究》2018 年第 3 期。笔者根据近期的田野研究及思考，已对本文中的部分内容进行重新梳理。

等的政治地位和民族区域自治权力，实现了鄂伦春族历史上的第一次跨越。从 1951 年到 1958 年，为了促进鄂伦春族的发展繁荣和满足人民的迫切需要，鄂伦春自治旗政府让鄂伦春人实现了定居。历经 7 年时间，鄂伦春族从原始的游猎生活到实现在山下定居，实现了鄂伦春族的第二次历史跨越。外来移民的涌入，导致人口急剧增加，大兴安岭的环境问题日益突出。在打猎的过程中，鄂伦春人发现猎物逐渐减少。外来移民野蛮的打猎方式破坏了鄂伦春人传统中具有生态智慧的狩猎规则，打破了大兴安岭的生态平衡。有些外来居民利用在山上“下套子”的方式打猎，造成了动物资源的极大浪费。1996 年，鄂伦春自治旗政府颁布《禁猎通告》，实行“禁猎转产”，开始“弃猎从农”，实现了鄂伦春族社会的第三次跨越。①

鄂伦春族的生计方式变迁经历了一个漫长的过程。从清朝开始，鄂伦春族虽曾多次尝试诸如农业等不同的生计方式，但从未真正地放下猎枪。在不同时期，政府的农业政策均未能在鄂伦春地区收到很好的效果。1996 年的全旗禁猎政策使鄂伦春族的生计方式发生彻底改变。自治旗出台这项政策的部分原因是考虑到大兴安岭林区的森林遭到过度开发，植被减少，人口增多，野生动物的生存空间持续恶化以及动物种群急剧减少等问题不断出现。② 这些在发展过程中出现的问题使得当地环境遭到严重破坏。为了保护、发展和合理利用自治旗内的野生动物资源，自治旗政府决定在全旗范围内禁猎。③

在民族地区不断发展的过程中，鄂伦春族努力地响应政府号召从狩猎逐渐向农业转变，但一直无法很好地适应农业的生产节奏和相应的生活方式，一部分猎民陷入贫困，这已成为鄂伦春族发展中的老大难问题。查干姗登的研究表明，转产政策使得相对平等同质的鄂伦春族因农业经营出现分化。④进而出现何群所指出的现象，即部分猎民转产失败引发了一系列的社会

① 敖长福编《中国鄂伦春族人物志》，内蒙古文化出版社，2013，第 1～2 页。

② 麻国庆：《开发、国家政策与狩猎采集民社会的生态与生计——以中国东北大小兴安岭地区的鄂伦春族为例》，《学海》2007 年第 1 期。

③ 何群：《环境与小民族生存——鄂伦春文化的变迁》，社会科学文献出版社，2006，第 353 页。

④ 查干姗登：《论狩猎民族的身份分化——以鄂伦春族为例》，《湖北民族学院学报》（哲学社会科学版）2012 年第 6 期；查干姗登：《鄂伦春人的社会变迁与社会分化——以鄂伦春自治旗猎民村落为例》，中山大学博士学位论文，2010。

问题。[①] 这些研究对鄂伦春猎民的生活变迁进行了细致而准确的描述。但笔者试图通过对日常生活节奏的描述与分析，揭示鄂伦春族生活节奏的变迁，从不同角度对鄂伦春族的生活变化做出新的理解。

作为分析工具和研究对象的节奏概念，可以帮助我们在猎民的日常生活中发现一丝端倪。在人类学的经典研究中，马塞尔·莫斯（Marcel Mauss）最早运用节奏视角做出了深入而精彩的分析。莫斯发现因纽特人的生活在冬夏两季差别明显。从冬夏两季的自然规律和社会形态来看，其社会生活在一个年度周期中，以一种规则的二分节奏交替进行。莫斯指出，这种节奏的变化在西方社会中也同样存在，城镇与乡村因农业生产的规律形成了不同的生活规律，产生了生活节奏上的交替与对张关系。[②] 同为法国年鉴学派的重要代表人物，葛兰言（Marcel Granet）继承了莫斯社会形态学的研究脉络，对古代中国的社会进行分析。他从《诗经》的情歌入手，研究上古的仪式集会。每年春秋两季的集会与季节和乡村具有密不可分的关系。这种以春秋两季为单位举行的节奏性古代集会是构建社会秩序的模式。[③] 埃文斯-普理查德（Evans-Pritchard）笔下的努尔人受干湿两季的影响，也产生了不同的社会节奏。[④] 贡纳尔·哈兰（Gunnar Haaland）对富尔人与巴加拉人边界变化的研究则为我们展现了在同一时空下，与生产方式相关联的生活节奏在日常生活中的不断交替。[⑤] 不同的生产方式有不同的存储观念和合作方式，使日常生活节奏产生差异。

在现代社会中，节奏成为现代性对人操控的一种体现。列斐伏尔（Henri Lefebvre）在其晚年将研究关注的重点放在节奏概念上，节奏研究构成了他日常生活批判研究的重要组成部分。节奏在日常生活中的普遍性，使

① 何群：《酒与“酒”之两难——基于鄂伦春族生态环境与历史文化变迁的分析》，《思想战线》2014年第2期。

② 参见〔法〕马塞尔·莫斯《社会形态学：试论爱斯基摩社会的四季变化》，林宗锦译，梁永佳校；〔法〕马塞尔·莫斯《人类学与社会学五讲》，林宗锦译，梁永佳校，广西师范大学出版社，2008，第115~192页。

③ 〔法〕葛兰言：《古代中国的节庆与歌谣》，赵丙祥、张宏明译，赵丙祥校，广西师范大学出版社，2005。

④ 〔英〕埃文斯-普理查德：《努尔人——对尼罗河畔一个人群的生活方式和政治制度的描述》（修订译本），褚建芳译，商务印书馆，2014。

⑤ Gunnar Haaland, “Economic Determinants in Ethnic Processes,” F. Barth ed., *Ethnic Groups and Boundaries: The Social Organization of Culture Difference* , Illinois: Waveland Press, 1998, pp. 58 - 73.

其成为日常生活研究中的重要面向。[①] 不同的生活方式会产生相应的不同节奏。其实，列斐伏尔的节奏研究与其一直关注的异化问题是密不可分的，现代性正是通过操控人们日常生活中的节奏来支配人的身体与行为。正如布迪厄（Pierre Bourdieu）注意到的社会秩序、节奏与身体之间的关系，社会秩序是通过一定方式调节活动的节奏，并将其深深烙印于身体之上。[②] 社会通过对节奏的改变来控制身体，实现对人的控制。反观，节奏也成为社会秩序在人类行为上的一种表达。从在身体上观察到的节奏入手，我们可以探究社会，亦可以了解个体。生活节奏如同布迪厄所言的惯习（habitus）一样，是一种外在客观结构在个体身上的内化与表达，达到一种主客观的统一与体现。人们的日常生活节奏是外在自然和社会环境所塑造而成的一种无意识的生活实践。生活节奏的产生及其所引发的行动全部基于实践，因此，节奏可以成为透视人们文化和社会习俗的一面镜子，帮助我们从日常生活中洞悉在其背后所隐藏的社会结构与文化特征。本文将借助节奏概念，以“日常生活节奏”为视角，对鄂伦春族的生活变迁进行细致入微的观察和研究。

本研究的田野调查地点位于内蒙古自治区鄂伦春自治旗内的一个猎民村——小河村[③]。笔者曾于2016年7月至2018年10月期间先后五次进入该村及周边区域进行田野调查。通过在猎民村中长期的观察，并对鄂伦春猎民、村干部和其他民族的村民进行深度访谈，笔者开展了比较全面、细致的研究。目前，小河村登记在册的猎民共有70户、197人，其中鄂伦春猎民157人。相较于其他猎民村，该村与其他民族交汇程度较高，经济发展水平较高，鄂伦春族传统特色较为鲜明。在农业经营方面，小河村的70户可以分为不从事农业生产和从事农业生产这两类人群。全村现有耕地一万余亩，其中村集体耕地近千亩。据统计，该村无地户45户，占全村总人口的64%。有地户25户，占全村总人口的36%。[④] 根据笔者的田野调查，在“禁猎转产”和“弃猎从农”以后，的确存在部分鄂伦春猎民陷入贫困，仅

---

① Henri Lefebvre, *Rhythmanalysis: Space, Time and Everyday Life*, New York: Bloomsbury Academic, 2004。

② 〔法〕皮埃尔·布迪厄：《实践感》，蒋梓骅译，译林出版社，2012，第107~108页；Pierre Bourdieu, Social Space and Symbolic Power, *Sociological Theory*, Vol. 7, No. 1 (Spring, 1989), pp. 14-25。

③ 文中地名和人名均为化名。

④ 感谢中央民族大学民族学硕士研究生李香寒提供的数据。

靠政府生活补助勉强度日的情况，这一困境一直延续至今。那么，猎民为何会在发展农业的过程中产生不适并陷入贫困？日常生活节奏的视角可以帮助我们对鄂伦春族面临的困境进行客观分析，避免从带有成见和简化的视角思考鄂伦春族所面临的困境。

二 传统日常生活节奏

鄂伦春人祖祖辈辈以狩猎为生，逐渐形成以狩猎为核心的传统日常生活节奏。在有关狩猎采集社会的经典研究中，财产观念、生计方式以及资源共享等议题都是学者们所关心的重点。[①] 而这些同样也是鄂伦春族传统日常生活节奏中的典型特征。因此，笔者将从他们的资源快速消耗的生活节奏、与自然同步的生活作息以及个体与群体切换的生活节奏这三个方面，来探寻鄂伦春族传统生活节奏在当下的延续及形貌（configuration）。

（一）资源快速消耗的生活节奏

从时间维度来看，个体的消耗节奏常有快慢之分。以狩猎采集为生计方式的传统鄂伦春人明显具有资源快速消耗的典型特征。[②] 而这种消耗节奏又与其财产观念密不可分。人类学将狩猎采集群体的组织形式称为“游群”（bond），这些群体私有财产观念不强。他们通常与所处自然环境保持着某种平衡，因此他们必须经常游动。习惯于狩猎生活的鄂伦春人同样如此。他们在传统上虽因自然条件优越，曾选择过定居狩猎。但在他们传统的生活中依然普遍缺乏存储[③]的观念，对食物资源的消耗节奏较快，这说明鄂伦春族在历史上有过长期的游猎生活。学者在过往研究中曾指出，鄂伦春人在从狩猎到农耕的转变过程中，也暴露出缺乏耐心和存储观念等问题。[④] 而这与传

① 查干姗登：《狩猎采集社会研究述评》，《学术研究》2010 年第 5 期。

② 根据萨林斯在《石器时代经济学》一书中的论述，生活在“原初丰裕社会”中的狩猎采集民，在生产过程中采取“有限目标经济”的生存方式，仅仅获取所需的必要资源。但笔者强调的是在消耗资源时，会尽可能及时消耗掉已获取的资源。

③ 以鄂伦春猎民为代表的狩猎采集群体和游动生计群体由于常年需要迁徙等原因，不便于积累和存储剩余产品，因此没有现代社会中普遍的存储行为和观念。萨林斯在《石器时代经济学》一书中提出的“有限经济目标”也印证了狩猎采集民未必生产剩余价值产品的观点。同时，这一积累存储的观念与现代银行系统出现之后的“储蓄”观念和行为相差甚远，因此笔者在文中使用“存储”一词来描述积累剩余产品的行为。

④ 唐戈：《鄂伦春和鄂温克：从狩猎民到农民的困境》，《满语研究》2008 年第 1 期。

统上形成的资源快速消耗的节奏惯性密不可分。

资源快速消耗的节奏特征常见于狩猎采集民的日常生活中。狩猎采集民生存的第一要务是通过游动来维持生产[①]，因此为了便于游动，狩猎采集民不愿有过多的存储和积累，会快速消耗掉随时获取的资源。这就形成了从大自然中获取资源后快速消耗的生活节奏，这一点在鄂伦春族传统日常生活中也有所体现。猎人打猎归来后，会将猎物分食或尽快消耗掉。这一行为不仅与群体生活方式息息相关，也与猎物不易保存从而需要快速、及时地消耗有关。尽管前人研究未对鄂伦春族传统日常生活中的消耗有着具体的细致描述，但根据笔者在田野中的观察，当下猎民村中集体分红的时间从侧面印证了猎民缺乏存储观念和资源快速消耗的节奏特征。近年来，笔者调查的小河村有集体土地和集体山地等资产，每年年底由村委会组织对村民进行分红。村委会给没有正式工作的猎民每人每年分红达到1000元以上。有趣的是，每年发放分红的时间点都在春节前几天。当问及为何在这个时间节点分红时，村干部认为这是传统上没有存储观念的一种延续，并说道："这是因为考虑到贫困户，提前发就会花完。这笔钱是让他们去置办年货，别把钱提前花完了。这样可以过个好年。"分红的时间点从侧面反映出猎民在生活贫困的同时，的确缺乏一定的存储观念。部分猎民会将钱放在自己身上，而不会选择将钱存放在银行。无论一万元还是一千元，猎民基本会很快花完，经常出现"月光"现象。同样，小河村中不种地的猎民向种地户借钱的事情时有发生。由于很多猎民不会经营现代农业，转产以后的生活每况愈下，鄂伦春自治旗决定给没有工作的猎民每月发放低保补助金。但很多人在补助金发放之前的几天，就需要向其他人借钱度日。传统的生计方式使狩猎民形成任意消耗的节奏，缺乏私财观念使他们难有合理的处理剩余劳动产品的观念，自然难以形成存储意识。

（二）与自然同步的生活作息

鄂伦春族的狩猎文化是在对生活世界的不断认知中形成的，这使他们的生活节奏与自然节奏相同步。生活世界的整体性及其形塑出的狩猎生活节奏

① 〔美〕马歇尔·萨林斯：《石器时代经济学》，张经纬等译，生活·读书·新知三联书店，2009，第40页。

贯穿鄂伦春人狩猎生活的方方面面。[①] 以狩猎为核心的传统生活节奏与大兴安岭自然节奏息息相关，并与大兴安岭动植物的生长周期相同步，形成了传统的生态智慧和打猎禁忌。根据鹿的生长周期，只能在三月的时候打鹿胎，到每年四五月的时候才能打鹿茸。野猪只能在冬天打。春天不能猎熊，因为它们正在下崽，要等到秋天才能猎熊。狍子是一年四季都可以打的……[②]鄂伦春人祖辈流传下来的经验告诉他们，只能在相应的规定季节猎取这些动物。鄂伦春人关于大兴安岭的这一整套生存智慧是在长时间打猎的过程中积累起来的，符合大自然持续发展的客观规律，能够维持合理的动物种群数量来达到生态平衡。鄂伦春人可以从森林中源源不断地获得所需的食物。这种逐渐积累形成的打猎禁忌，在鄂伦春人的生活中慢慢地形成了一种打猎的节奏。有些鄂伦春人每年有固定的游猎线路，在自己熟悉的区域内寻找应季的猎物。因此，这种狩猎的禁忌知识形塑的不仅是鄂伦春人打猎的节奏，也影响了鄂伦春人一整年的生活节奏。传统的狩猎生活节奏深深地扎根在鄂伦春人的日常生活中。

在传统习俗所规定的打猎时间范围内，猎民上山狩猎的具体时间因人而异。相较于工业社会对时间的精准把控和农业社会对作物的细心照料，打猎的节奏是比较自由的。笔者在田野调查中通过访谈听到过这样一个案例。20世纪70年代的某个清晨，猎民白冰的父亲起床后让白冰烧水。交代任务后，父亲就骑马拿着猎枪出门了。由于气温较低，烧水时间比较久。水刚开，父亲就骑马拎着一只狍子回来，经过处理后直接下锅。父亲出门时，没有跟白冰说烧水是为了做什么，不过是临时起意。这种临时决定出发、没有详尽规

---

① 以鄂伦春人为代表的狩猎采集民，其文化与自然本身就是不可分割的整体。近年来，狩猎采集文化与自然之间关系的本体论意义（ontological significance）重新引起学界重视。自然与文化的整体性研究带来了对以自然、文化两分为代表的西方中心主义的反思。菲利普·德斯科拉（Philippe Descola）指出，现代西方面对自然的方式绝非广泛存在。不同于现代西方思想，在世界上的许多地区，人类和非人类不被认为是截然对立或者相互独立的范畴，大部分群体并未将自我与自然区分开来，自然不被视为一个独立的领域。在很多文化中，自然与文化的界限是模糊的。生活世界的连贯性和整体性在提姆·英格尔顿（Tim Ingold）的研究中同样得到印证。文化并不是建构的，而是在人们熟知世界的过程中不断认识得来的。通过栖居与实践，人们逐渐形成了一套来源于对整体性认知的行为方式。参见 Philippe Descola, *Beyond Nature and Culture* , Chicago: University of Chicago Press, 2013, p. 30, 201 – 225; Tim Ingold, *The Perception of the Environment* , London and New York: Routledge, 2000。

② 于硕、赵式庆主编《山上啊，山上！鄂伦春猎民口述史》，新世界出版社，2017，第468页。

划的打猎行为是狩猎采集社会一种典型的生活方式和生活节奏。在那个年代，富饶的自然资源决定了当时的鄂伦春人依然可以延续原初丰裕社会的生活方式。

当地人认为宽松的作息节奏在现实日常生活中得到了延续，笔者在小河村中也见证了这一点。关宏斌是村里公认的手最巧的猎民。他擅长土建，而非农业。在猎民村和猎民村周围，与土建有关的活儿，人们都会找关宏斌做。笔者初入村庄时，关宏斌每天早上坐在家门口的板凳上，一边听着自己家音响播放的音乐，一边喝着啤酒跟人聊天。这种情况一连持续四五天，每天从早到晚，除了睡觉、聊天，他就是喝啤酒。带有极强节奏感的音乐有时会一直响到后半夜，隔壁的邻居跑过来关音响时发现他早已进入梦乡。在持续四五天以后，关宏斌就开始在村庄周围打工、干活，在干活的日子里滴酒不沾。凭借自己的辛勤劳动，他每天至少可以挣一百元。连续工作几天以后，时而会有战友或者村里人叫关宏斌一起吃饭喝酒，他便不去工作。于是又开始了连续几日一天三顿酒的节奏。关宏斌的日常生活就在几天饮酒和几天上工的两种状态中不断循环转换，这构成了一种由个人做主、无所拘束的生活节奏。现如今，在笔者调查的猎民村里，像关宏斌一样自由自在生活的猎民不在少数。这种自由的生活节奏应为过去狩猎生活节奏惯性使然。

笔者在田野调查中了解到，包括关宏斌在内的一些猎民曾在村里的组织下，到小二沟附近领养马匹。这种发挥鄂伦春狩猎民族传统智慧和地方知识的行动出发点是好的，但由于这些猎民经常喝酒，疏于看管，造成马匹意外死亡，产生经济损失。笔者重返小河村时，关宏斌因为旷工太多而被开除。不同的作息方式使不同群体在交往过程中出现矛盾。饮酒的节奏从侧面体现了鄂伦春人在传统上无所约束的生活作息。

（三）个体与群体切换的生活节奏

正如上文所言，生活节奏是一种外在客观结构在个体身上的内化与表达。与大自然和谐共生的相处方式既体现在鄂伦春人传统日常生活中，也体现在个体与群体切换的生活节奏中。鄂伦春人个体与群体切换的生活节奏恰恰反映的是外在自然和社会环境所塑造而成的一种无意识的生活实践。

在狩猎时代，除了个体自由地生活以外，鄂伦春人常以群体生活方式栖居于自然世界中。在个体与群体生活的切换中，群体生活方式是生活节奏中较为鲜明的特征。其表现为在鄂伦春人的狩猎方式中，有很强的平均主义和群体意识。鄂伦春人在大多数情况下会采取集体外出打猎的方式，单独打猎的情况很少。一方面是因为在森林中，会遇到类似于熊和野猪这种体型较大、有攻击性的动物。一个人单独行动遇到这种情况，会有生命危险。另一方面，有些猎物体型较大，结伴打猎可以将猎物及时运走，否则要往返找人帮忙。此外，当猎手打猎回到“乌力楞”[①] 后，要把猎物分给老年人等丧失打猎能力的人和丧偶的人，这样在部落中就不会出现有人挨饿的情况。这种平均主义和部落内部分享的特质在世界上其他狩猎－采集和游耕（slash and burn）群体中经常可以看到。狩猎的危险性和以部落为单位的生活方式与群体式生活方式相契合。

鄂伦春人并不总是以群体为单位进行狩猎。除了群体狩猎以外，鄂伦春人中也存在着个体外出打猎的情况，这体现了个体与群体相切换的生活节奏。在传统鄂伦春社会中，绝大多数单独狩猎的鄂伦春人是在群体狩猎的空闲时间进行单独狩猎的。个体单独狩猎主要是为解决在住地附近临时获取资源的问题，一般不在外宿营。有一些猎手，因家中有老幼病残需要照顾不能离开或马匹不易跟上群体的行动，不得不长期单独狩猎。[②] 1957 年赵复兴在托扎敏调查时听当地老人说，曾有个鄂伦春失语者，打猎技术高，能在险要的山地环境中追捕野兽，有时一人能获取十几只鹿。但他不愿意集体出猎，甚至连家人也不愿意带。在以群体为单位狩猎的空隙中单独打猎，被认为是一种正常现象，不会遭到质疑。[③] 这一案例充分说明了个体与群体生活节奏在狩猎过程中的切换逻辑及其内在的社会规范。

个体与群体相切换的生活节奏遍及传统鄂伦春人日常生活的方方面面。例如，人们在日常生活中有时以个体的方式在营地周围生存游走，但在喝酒时就会以群体的方式聚集在一起。何群对鄂伦春酿酒文化做历时性研究时发现，不管是一家酿制的还是几家合作酿制的酒，都是全“乌力楞”的人一起喝，直到全部喝完为止。[④] 传统上，鄂伦春人以“乌力楞”作为社会组织的基本单位，构成生产单位和消费单位的统一体。因为社会主义制度的核心

① 在鄂伦春人中，乌力楞是以血缘、亲属关系结成的社会基本单位。

② 吴雅芝：《最后的传说：鄂伦春族文化研究》，中央民族大学出版社，2006，第 67～68 页。

③ 《民族问题五种丛书》内蒙古自治区编辑委员会编《鄂伦春族社会历史调查》（二），内蒙古人民出版社，1985，第 36 页。

④ 何群：《酒与“酒”之两难——基于鄂伦春族生态环境与历史文化变迁的分析》，《思想战线》2014 年第 2 期。

是公有制和集体化原则，这种群体生活方式有助于鄂伦春人从“原始社会”“直接过渡”到社会主义社会。但随着国家开始转向以家庭为单位开展生产活动，鄂伦春人在传统上以“乌力楞”为中心的群体式生活方式逐渐陷入困境。一部分猎民响应旗政府号召开地，另一部分猎民没有开地，依旧上山打猎。在禁猎以后，没有开地的猎民失去了自给自足的生活来源。当笔者问及 80 年代没有开地的原因时，一位老人告诉笔者：“打猎时土地领域都是按部落[①]划分的，不同的部落有不同的狩猎范围。当时忽然要自己开地自己种，就没有当回事。”可见，以部落为单位的生活方式使鄂伦春人习惯于以群体性的思维方式来思考问题。

在鄂伦春人改变生计方式之后，其成员发生的意外事件较多，平均寿命较短。猎民中的完整家庭比例略低于其他民族，破碎家庭的情况比较常见。鄂伦春人习惯采取群体生活方式，使现阶段的家庭重组意愿和比例相对较低。传统上聚群而居的生活方式，使猎民喜欢彼此之间相互串门，到别人家一起吃饭喝酒。在日益个体化的今天，猎民独自游走更加自由，不再受群体约束，但我们仍能看到猎民有时喜欢以群体的方式聚集。个体与群体切换的生活节奏无时无刻地体现在鄂伦春猎民的日常生活中。尽管这种生活节奏在今天不断地遭受到冲击与挑战，但鄂伦春社会传统的平均主义原则依然在他们的日常生活中起着重要的作用。

三 日常生活节奏的变迁

鄂伦春人传统狩猎采集的生产方式塑造猎民资源快速消耗的生活节奏、与自然同步的生活节奏和个体与群体切换的生活节奏等特质。但在“禁猎转产”的过程中，鄂伦春族传统日常生活节奏与农业所要求的生活节奏相冲突，进而造成部分猎民对经营农业缺乏兴趣，无法维持正常生活水平。以下，笔者从积累、作息、家庭三个方面再次切入，分析农耕节奏在猎民日常生活中的表现形式，比较狩猎与农耕这两种生产方式对猎民生活节奏的不同要求，进而深入理解鄂伦春族传统日常生活节奏在应对来自外部的“非日常”的节奏冲击时所形成的困境。

① “部落”一词的用法很有趣。“部落”不是鄂伦春人的传统语言，学会使用“部落”一词一定是鄂伦春人接受现代教育的结果。

（一）从资源快速消耗到农作物积累

从狩猎到农耕的转产过程对鄂伦春人的存储观念和消耗节奏提出了新的要求。不同于“即时回报”（immediate return）系统的狩猎采集，农业作为一种“日后回报”（delayed return）系统[①]，需要经营者有充足的耐心和资金投入。这也意味着现有的农业生产要求鄂伦春猎民能够从快速的资源消耗节奏调整到较慢和有规划的消费节奏，并学会积累。加之当地的农业需要大型拖拉机作为生产工具，需要启动资金，资源快速消耗的节奏和存储观念意识的淡薄使得鄂伦春人无法购置农业所需的基本原料和机械，造成很多猎民从事农业生产的意愿较低，纷纷将土地转让出去。鄂伦春猎民整体生活水平虽有提升，但随着在经营农业方面所出现的差异，内部贫富差距越来越大。这种来自外部“非日常”节奏的要求和冲击，使大部分猎民无法在农业上施展身手，进而陷入困境。

不同于我国其他农业地区的精耕细作，当地政府不仅把农业当作鄂伦春人的普通生产方式，而且还将之作为一种现代化的投资手段。由于该地区人均耕地面积较大且地势平坦，农业需要借助机械来提升效率、节约劳动力成本。过去仅靠人力耕种的日子已一去不复返，拖拉机成为当地现代农业生产方式的标志。这种大规模的机械化种植需要大量的资本投入来购置原料和机械。随着家庭联产承包责任制的实现和准许鄂伦春猎民开地，个人开始租用机械开地和种地。如今，经营农业的鄂伦春人都拥有用于犁地、播种、打药的拖拉机。由于这里的农作物都是大规模机械化种植，无论购买收割机还是提前购买种子、化肥，都需要大量资金。当地的自然条件和地理环境使得该地的农业并非一种精耕细作的生产模式，而是一种投资。合理的积累节奏和良好的储蓄意识是猎民从事现代农业生产的重要前提，其存在与否成为决定猎民是否有能力和资本从事现代化农业的关键。

在“禁猎转产”后的猎民村中，从事农业的猎民渐渐掌握了农耕节奏，从而与延续狩猎节奏的猎民有所区分。禁猎和农耕所带来的冲击，使大多数猎民难以很快地适应“非日常”的生活节奏。农业生活所要求的储蓄、相对准时和时间规划能力，通常与狩猎采集生活不同。鄂伦春人传统的生活方

① “即时回报”与“日后回报”概念参见 James Woodburn, “Egalitarian Societies,” *Man*, New Series, Vol. 17, No. 3, 1982, pp. 431 - 451。

式使猎民在日常生活中没有明确的收支计划，出现无序和随心所欲的消耗节奏。这种无序的消耗节奏和缺乏存储与积累的观念，使猎民很难经营现代化农业。90 年代，小河村给每户分一垧地[①]，使得每户都有地可种。但这些不善于种地的猎民发现自己经营农业不挣钱，于是将土地转让出去从而一次性变现，再次成为无地户。这些没有地的猎民既没有土地，也不能打猎，成为没有自主生活来源的贫困户，一些年长的猎民只能依靠政府发放的低保勉强度日。然而，小河村中的部分猎民通过与农业民族通婚这种社会结合方式形成的团结户[②]和姑爷户[③]，给自身家庭带来了储蓄观念和稳定、有计划的消费节奏，充足的资金使得这些猎民在现代化农业经营的浪潮中独占鳌头。有无存储观念和能否形成有序的消费节奏，是狩猎节奏和农耕节奏的区别所在，也成为猎民能否在大兴安岭现代农业生产中有所作为的基本条件。

（二）从与自然同步到与农作物生长同步

和前文所谈到的与自然同步的狩猎节奏相对应，习惯于农业生产的猎民在生活中有着与农作物生长周期同步的农耕生活节奏。狩猎和农耕这两种生活方式对于作息有着完全不同的要求。相对于狩猎民按季节打猎，农业作物对天气变化极度敏感，需要经营者在较短的时间内抢种抢收。二者对猎民生活作息节奏要求的差异，使猎民很难从狩猎轻而易举地转向农业的经营方式。

与传统上相对自由的狩猎节奏相比，大豆和小麦这些作物对于猎民的生活作息要求严格。作物的生长周期使得猎民无法按照过去宽松的生活节奏经营农业。作息要求上的变化让很多猎民对农业望而却步。鄂伦春自治旗地处北纬 50 度左右，每年的无霜期较短，对作物的播种和收割时间有严格要求。一旦耽误了播种或收割，作物容易遇上霜冻，会对投入大量资本的现代农业造成无法估量的损失。无霜期极短的自然环境使种地者需要抢种、抢收。一旦错过秋收最佳时机，遇上连续下雨的天气，会影响当季作物产量，严重时甚至有可能出现亏损。这就要求种地猎民有与作物生长周期同步的生活节奏。小河村的种地猎民在农忙时节每天只睡三个小时，凌晨两点就起床开拖

① 在当地，一垧地约合 15 亩。

② 团结户指鄂伦春族男子与其他民族女子通婚建立的民族结合家庭。

③ 姑爷户指鄂伦春族女性嫁给其他民族结合而成的家庭。

拉机下地播种。为保障农作物良好生长，需要从事农业活动的猎民对农业种植节奏有所规划，并严格遵守，而不能随意为之。在笔者的田野调查中，有些猎民耕种两百亩左右的土地。每年固定在4月中旬播种小麦，在5月中旬前后播种大豆。由于地块分散，不同地块耕种的先后顺序也需要遵循作物生长的自然规律。每年修理拖拉机的时间则固定在播种小麦和大豆的间隔期内，小麦和大豆的播种机要在相应作物播种前维修。这些与农作物生长有关的活动形塑了这些猎民的生活时间表，要求猎民形成有规律的农耕节奏。不同于狩猎采集的自由自在，农业作物的生长周期和规律要求种地的猎民有着相对严格的生活作息和稳定的生活节奏。时间的精准把控对年底的收成有着至关重要的作用，不能任由自己决定劳作的节奏。因此，这些家庭如果想要确保年底能够获得丰收，就需要有较强的时间观念，形成与农作物生长周期相一致的生活节奏。

农业生产活动也需要种地猎民对酒要有相对的节制。鄂伦春人热情好客，喜欢饮酒。在喝酒频率、时长还是数量上，小河村种地的猎民要低于、短于和少于不种地的猎民。种地的猎民在家喝酒时的规模和人数也要小于不种地的猎民。这种区分与这些猎民从事农业生产密不可分。

狩猎不是恣意妄为、毫无节奏的生计活动，也需要遵循规律。但相较于农业而言，狩猎的节奏相对自由得多；务农则需要按照农作物的生长节律来调整生活作息时间，以配合农事节奏。同时，受多变天气的影响，农业对作息有相对严格的要求。因此，以月份和季节为单位的狩猎生活和以天为单位稳定的农耕生活，在紧张程度上存在明显差异。农事活动所要求的紧张生活节奏阻碍了猎民农业投资的积极性。

现代化的农业生产方式需要经营者遵循规律的作息，并有充足的资金确保进行前期投入，而这些发展现代农业的基本前提和要求对猎民而言困难重重。猎民没有存储观念和自由的作息，与农业对资金和作息的严苛要求相矛盾。这使猎民种地连年亏损，最后无奈转让土地的案例屡屡发生。很多没有适应农耕生活节奏的猎民迫于生活的压力，将原本外租的土地变卖换钱，以维持生计。政府的低保补贴等优惠政策也使猎民不用强迫自己经营农业，从而能继续在日常生活中延续狩猎生活的节奏。

（三）从个体与群体切换到个体与家庭切换

对应于个体与群体相切换的鄂伦春人传统日常生活节奏，当下的农业生产活动要求的是一种个体与家庭之间相切换的日常生活节奏。伴随着改革开放和当地农业的发展，经营农业的猎民需要以家庭为单位进行劳作。在鄂伦春社会日益个体化的同时，出现了在个体与家庭之间相切换的日常生活节奏。

伴随着生产方式的转型，鄂伦春猎民传统日常生活节奏中的群体活动单位已开始逐渐被现代的家庭活动单位取代，出现了个体与家庭切换的生活节奏。而家庭是这一生活节奏中较为鲜明的特征。在传统上，鄂伦春人狩猎采集的生产方式与以“乌力楞”为单位的群体生活方式相辅相成。但这种群体生活方式随着个体家庭的农业经营日渐淡出鄂伦春主流社会生活。个体家庭的重要性日渐超过原先跨越家庭边界的群体“乌力楞”之上。然而时至今日，由于部分猎民不以家庭为生产单位，他们仍未能完全适应现在的农业生产方式，不习惯按劳分配，也不适应日益商业化的经济和社会。在猎民的日常生活中还能看到群体文化特质，延续个体与群体切换的狩猎节奏惯性。这种节奏与需要以家庭为单位的农业生产方式格格不入。个体与群体切换生活节奏中所特有的平均主义，遭到了以家庭为单位“能者多劳”、效率优先原则的挑战。鄂伦春人习惯的个体与群体切换的生活节奏与以家庭为单位的农耕生活构成的矛盾，使得他们无法快速改变节奏，进入到收入较为稳定但要求比较严格的农耕生活节奏中。大多数猎民没有很好地适应以家庭为单位的农耕节奏，错失开地和发展农业的良机，逐渐对农业失去兴趣。

小河村在1955年开始定居宣传，1957年完成猎民下山定居的工作。随之成立的猎民队，从事狩猎、务农、放牧等生产劳动。1960年公社成立开荒队时，购买了五台双轮单犁、两台播种机、七辆大车。但开荒时期以集体为单位的农业发展效果不尽如人意，收成欠佳。80年代，随着现代社会科学技术的进步和对大自然的开发，可供狩猎的空间日趋缩小，继续坚持这种生计方式的前景并不明朗。狩猎收获开始变得不稳定，且所获甚微，每年都需要国家扶助。经过政府的耐心宣传，部分鄂伦春人意识到土地在当代社会中的重要价值。在以家庭为单位的联产承包责任制政策下，由于当时猎民生活水平较差，部分猎民开地大多以家庭为单位，采取两家或两家以上合作开地的方式，以五五、四六等分成方式进行土地所有权的分配。尽管此时大多数猎民由于不熟悉农业、对农业没兴趣以及害怕出现毁约等情况没有开地，但不同于传统上个体与群体相切换的生活节奏和集体化时期的生活方式，此时部分猎民已经开始以家庭为单位从事农业生产。

不同于鄂伦春猎民在日常生活中时常进行的个体自由活动，当地的现代农业发展要求猎民需以家庭为单位进行生产才能实现效益最大化。于是，在经营农业时，家内合作就显得十分重要。在农业生产过程中，鄂伦春猎民需要暂缓日常生活中个体的自由活动，而以家庭为单位经营农业，这体现了个体与家庭切换的日常生活节奏。这种节奏中家庭的重要性与当地发展现代农业对于家庭完整程度的严格要求密不可分。不同于其他地区农村，人均耕地面积大的特点使农业活动不能仅依靠人力种植，还需要借助机械来完成。在每年的农闲时节，要对拖拉机进行维修，更换零部件。在维修的过程中需要家庭内部成员分工协作，或找村里其他猎民帮忙。除此之外，因为无霜期较短，在春天播种和秋天收获时要在较短的合适时间内完成作业。在操作机械时，需要有人在土地旁边照看并轮流使用机械进行播种，在尽可能短的时间内耕种更多的土地。家庭内部的分工也确保有人在家做饭，作为后勤保障以便种地的人可以在较短的时间内完成高强度的作业。在这种情况下，拥有较多劳动力和结构完整的家庭便占据一定的优势，可以提升效率，获得更大的利润。这一系列自然规律导致的限制条件，使经营农业的猎民家庭结构相对完整，破碎家庭的重组比例高。重组家庭有利于维持稳定的农耕节奏，耐心经营农业，以便创造机会提升效率，实现利润最大化；农耕节奏和农耕民族性格也会驱使破碎家庭进行重组，维持完整的家庭结构。

与此同时，家庭联产承包责任制的推行和户籍制度的宽松——达斡尔族和汉族通过婚姻这种社会结合的方式进入猎民村，帮助猎民村中部分鄂伦春人开始熟悉农业生产方式，使鄂伦春猎民内部因农业而在生活水平和生活节奏上产生了分化。这些团结户和姑爷户为鄂伦春族带来了稳定的农耕节奏，能够以农耕民族较为熟悉的个体与家庭切换的生活节奏维持生计，更好地适应了农业生产方式。

四 分析与讨论

从鄂伦春族传统日常生活节奏变迁的过程中可以看出，世世代代以狩猎为生的猎民在日常生活中逐渐形成了一种狩猎生活节奏，这种节奏是布迪厄意义上的“惯习”[1]，与经营现代农业所要求的生活节奏有所矛盾。狩猎与农业这两种生产方式在生活节奏上的差异使猎民无法在农业上产生盈利，对转而务农兴趣不大。以狩猎为代表的传统日常生活节奏与外来的“非日常”的农耕节奏间的差异，使得猎民难以很好地适应农业经营活动。

从消耗与积累、生活作息以及群体与家庭这三个节奏维度的视角出发，我们发现了传统狩猎节奏与农耕节奏在特征上存在的差异。鄂伦春人以狩猎为核心的传统生活节奏代表的是一种资源快速消耗的生活节奏，自由和平均主义是其生活特点；而来自外部“非日常”的农耕节奏则是一种积累意识，有计划和约束的生产和消费节奏，时间规律和家族主义原则是日常生活准则。从生活节奏入手，我们得以解释为何这些猎民在旗政府给予的开地优惠政策下依旧不能适应务农生活，对农耕没有兴趣，纷纷脱离务农生活。两种生计方式所带来的日常节奏的不同，很难让世世代代以打猎为生的鄂伦春人迅速地从狩猎生活中转换到农耕生活中。虽然手中已没有猎枪，但狩猎生活的惯习犹存。狩猎惯习所伴随的生产实践和认知系统，及其所产生的相应节奏在鄂伦春猎民的日常生活中不断延续至今。周围务农者在羡慕政府给予鄂伦春人开地优惠政策之时，却惊讶地发现他们竟不愿开地。当村委会决定分给猎民土地时，猎民也不种，而是将土地外租或转让出去。这类事例不断累积，导致外界认为鄂伦春人比较“懒惰”。

实际上，鄂伦春族现存困境体现在不同层次的节奏之中。首先，对猎民个体而言，很难从以狩猎为核心的传统日常生活节奏快速过渡到外来“非日常”的农耕生活节奏中。二者节奏的不匹配使得部分猎民无法适应农业生产，进而抛弃土地，重新陷入贫困。其次，就猎民村整体而言，由于经营农业，村内已经习得农耕生活节奏的种地猎民与不种地的猎民在经济生活上的差距越来越大，产生社会分化。再次，在鄂伦春猎民定居后生活的区域内部，存在多族群不同的生活节奏。与小河村联系较为紧密的达斡尔族和汉族在传统上都善于农业生产，早已形成了以农业为主的日常生活节奏。这种多族群的不同节奏既帮助了鄂伦春人更好地适应农耕生活，也使部分猎民对农业产生抗拒心理。

---

① 惯习概念及相关表述参见〔法〕皮埃尔·布迪厄《实践感》，蒋梓骅译，译林出版社，2012，第 73 ~ 92 页；Pierre Bourdieu, "Social Space and Symbolic Power," *Sociological Theory* , Vol. 7, No. 1, 1989, pp. 14 - 25。

将日常生活节奏的视角带入我们对现实经验世界和日常生活的观察和研究中，有助于我们从不同视角对已有问题形成新的理解，进行深入研究。但本研究重点不在于研究视角的独特性，而是关心能否借助日常生活节奏视角对鄂伦春族现有问题进行透彻的理解和分析，从而有助于真正解决鄂伦春族目前的发展困境。这是关乎鄂伦春族未来发展命运的重大议题。

鄂伦春族之所以在今天面临诸多问题，其部分原因就在于外人总以农耕生活方式的立场和视角来想象传统的狩猎采集生活方式，没有真正理解其文化逻辑内涵。运用日常生活节奏这一新颖的研究视角，可以帮助我们更好地理解鄂伦春人传统的生活方式及其变迁过程。同时认识到，在生计方式快速转变的过程中，狩猎与农耕在日常生活节奏上存在的巨大差异使得猎民无法迅速地适应农业生活节奏，进而陷入贫困。对鄂伦春猎民的研究实际上也给我们提出了一个有关“发展”的问题，那就是“发展”是否存在着千篇一律的模式？鄂伦春人不愿意或者说不会种地，是因为他们还没有完全接受务农生活。集约化、大规模的耕种可能带来可观的收入，但农业生产的付出、资金的投入，这些都得依靠节俭和积累。对这种农耕生活节奏，猎民显然难以很快适应。我们需要思考的是，对于狩猎采集生计者而言，务农和定居难以适应。彻底改变他们的传统生计意味着剧烈变化，鉴于狩猎为生在今天的条件下已经难以持续，狩猎退出他们的生活是一种必然。但是，如何适应新的生活方式，这是需要我们反思的问题。

同样，对于鄂伦春猎民日常生活节奏的经验研究不仅可以理解鄂伦春人在转产过程中面临的困境，也揭示了社会政策在小民族和边缘民族问题上的诸多问题，提供了一个反思人口较少民族和世界上的边缘族群发展进程和社会政策的视角。我们应正视不同群体的传统文化与现代社会的不同之处，进行分析和判断。笔者认为，二者之间其实可以相互借鉴。在大兴安岭的土地上，汉人与鄂伦春猎民也一直处于相互学习的过程中，两者的文化特质和生活习惯也在相互不断地渗透。迁移而来的汉人需要向猎民学习自然环境意义上的地方知识，而猎民也需要借鉴汉人社会中的创造发明。学习与交流的过程是双向互动，而不能总是将这些边缘民族放置于单向度的梯级进化论中。不同群体的生存智慧可以帮助我们解决现代社会在发展中所面临的难题，提供一种不同的视角，为我们习以为常的单向度和阶梯式的发展观念提供新的思路。

Rhythms and Changes: A Study of an Oroqen Village

Zhang Yunan

Abstract: A part of Oroqen who are living in the northeast of China have gradually shifted from hunting to farming after experiencing the stage of settlement and development of agriculture. In this process, the traditional daily life rhythm which is rapid consumption of resources, synchronization with the prey growth cycle and interspersed individual activities in group activities is gradually transformed into a farming rhythm with continuous accumulation, synchronization with the crop growth cycle, and family operation. The Oroqen has formed a dilemma in dealing with the "non-daily" rhythm. The rhythm of traditional hunting does not match the rhythm required by agricultural life.

Keywords: Oroqen; Hunting and Gathering; Group Life; Hunting Rules

文化与艺术

浅析鄂温克族桦树皮文化的传承*

娜　敏

摘要：本文以实地调研为基础，结合文献资料，从传承方式、传承种类及传承人三个方面探讨鄂温克族桦树皮文化的传承。鄂温克族桦树皮文化的传承主要遵循岁时节令，以集体方式传承，因社会分工不同，不同种类的桦树皮制品呈现男女不同性别的传承；随着时代的变迁，当下鄂温克族的桦树皮制品主要分为能够制作的桦树皮制品以及旅游产业和生活使用的桦树皮制品；鄂温克族非物质文化遗产桦树皮制作技艺之所以能够传承至今并保持活力，是因为有着沿袭民族传统文化并付诸行动的传承人，他们是鄂温克族桦树皮文化的重要承载者和创新者。

关键词：鄂温克族　桦树皮文化　传承方式　传承人

作者简介：娜敏，内蒙古民族大学文学院讲师，研究方向为民族文化。

鄂温克族自古以来生息繁衍的地域处于北半球寒温带，拥有旺盛生命力的白桦树肆意生长。在这一桦树皮文化圈中，聪慧、敏锐的鄂温克人创造传承了其民族独具特色的桦树皮文化。从世界范围来看，从北亚到北欧再到北美的环北极圈森林民族中，分布着本质相同而又形态各异的桦树皮文化。桦树皮文化作为树皮文化的重要代表，是一种古老的、北半球特有的物质文化，其特点是广泛地使用桦树皮为原料，制造生产生活中的各种用具，承载

* 本文为2018年度内蒙古民族大学博士科研基金项目“鄂温克族桦树皮文化传承研究”（项目编号：BS460）的研究成果。

了北方森林民族的渔猎习俗、人生礼仪、精神信仰、审美及高超的手工技艺，蕴含了丰富的地方知识，体现了人与自然的和谐相处。本文从共时角度，结合一定的历时梳理，分析研究鄂温克族桦树皮文化的传承方式、传承种类及传承人。

一 传承方式

（一）集体传承

白桦树的鄂温克语为 Saalbang，Saalbasi 指的是有白桦的[①]，地名“查巴奇”为 Saalbasi 的汉语音译，意即“有白桦树之地、白桦树繁茂之地”。呼伦贝尔市阿荣旗查巴奇鄂温克民族乡曾经是鄂温克族桦树皮文化的重要传承地之一，《鄂温克族社会历史调查》记录了查巴奇鄂温克人桦树皮生产的组织、分工等。80 多年前，查巴奇一带有三四个村子的妇女联合起来，去一百多里远的大嘎鲁都奇山、小嘎鲁都奇山，进行过剥桦树皮的生产。“塔坦达”[②] 通知出发日期、集合地点，让大家做准备。进山时携带粮食、锅、“萨喜格柱”（似撮罗子）、刀箭、锥子、针线、斧子和渔具，以及一些生活用品。要有一两位老年（男）人去给赶车、做饭和打柴，他们还打野兽供大家食用。桦树皮制品是自愿做什么都可以，但多合起来做进而再分成品。[③] 然而半个多世纪以来，随着老人们的逝去，生产生活的迅速现代化，查巴奇鄂温克人传统生产方式——狩猎生产的日渐式微，与狩猎生活密切相关的桦树皮文化也随之迅速走向衰亡。如今只能在查巴奇新建的阿荣旗鄂温克民族民俗博物馆里看到桦树皮制品，在他们的生活中，桦树皮制品已很难寻得踪迹。

生活在额尔古纳河流域的使鹿鄂温克人，一直牧猎于大兴安岭的西北麓，直至 2003 年才告别狩猎生活下山定居至根河市敖鲁古雅乡。因为驯鹿的生活习性，部分使鹿鄂温克人继续在山林里放牧驯鹿。桦树皮制品最契合山林生活，因而使鹿鄂温克人较好地传承了鄂温克族桦树皮文化，如今他们在日常

① 杜·道尔基编著《鄂汉词典》，内蒙古文化出版社，1998，第 436 页。

② 一般是比较年长、有威望和生产技术、经验丰富的人。

③ 参考内蒙古自治区编辑组编《鄂温克族社会历史调查》，内蒙古人民出版社，1986，第 60 页。

生活中仍使用桦树皮烟盒、针线包、置物盒等。根河市敖鲁古雅乡被命名为内蒙古自治区公布的第四批全区民间文化艺术之乡——“桦树皮文化之乡”。

（二）遵循岁时节令

生活在西伯利亚的鄂温克人，要在树汁多的5月剥取树皮，他们从不因便利而使用冬季的桦树皮，须等寒冷过后才能剥取。[①] 生活于阿伦河流域的鄂温克人剥取桦树皮是在夏天入伏开始，在头伏内剥够，因为之后桦树皮硬了不好剥。剥树皮时，要在桦树皮最厚的部位开刀（上下），才能将桦树皮整块地剥下来。开刀的顺序是先下“上横刀”，再横切下头，最后在腹部中心位置由上而下顺切，下刀时只切外皮而不伤内皮。鄂温克人遵循传统的剥取桦树皮方法，不会影响桦树的生长，几年以后待新皮长出，还可继续利用。深谙白桦树生物特性的鄂温克人，对于桦树皮的采集和制作，完全是合着大自然的节律来进行的。

随着桦树皮工艺产业的兴起，敖鲁古雅使鹿鄂温克的中青年人，开始转型制作一些受到游客青睐的桦树皮工艺品。看到商机，根河市的其他民族也加入桦树皮工艺品的制作与销售中，一部分人为了赢利，不分季节随意剥取桦树皮，导致桦树死亡。为此，当地林业部门禁止所有人上山剥取桦树皮。有生产资质的桦木厂，从俄罗斯进口桦木，对桦树皮进行高温蒸煮后向外销售，当地一些从事桦树皮工艺品制作的作坊就购买这种桦树皮。

然而，对于鄂温克人来说，世世代代传承的桦树皮制品的制作，都是与山林密不可分的，除制作桦树皮围子（撮罗子顶盖用的大张桦树皮）需要进行蒸煮外，其他的桦树皮器皿和器具均无须蒸煮处理，要么就地取材直接制作，要么采用其他手段软化后制作，不经蒸煮的桦树皮器皿可以保持住桦树皮本身的色泽。桦树皮的剥取时令及方法本身就是国家级非物质文化遗产桦树皮技艺的重要组成部分。当地政府和林业部门应大力支持和配合使鹿鄂温克人的传承活动，与此同时严厉打击破坏桦木资源的不法分子。

（三）女性传承

查巴奇鄂温克人桦树皮制品的制作和传承以女性为主。“制作桦皮用品

---

① 〔苏〕伏·阿·图戈卢科夫：《西伯利亚埃文基人》，白杉译，呼伦贝尔盟文联，2000，第51页。

是属于妇女的劳动范围。深山妇女不敢独自去，通常都是集体进山，人多一起做活儿不感到累，善裁者裁，善缝者缝，长于捻绳者捻绳，生产效率高，不会做的很快就学会。……‘塔坦达’在山中很忙，她没有时间做自己的东西，做桦皮的技术指导是她的主要职责。在山里时，不是这里唤大娘，就是那里叫‘塔坦达’，结果‘塔坦达’一般是拿回一些原料，回家人们再帮她做一些东西。”①

使鹿鄂温克人日常所需的桦皮盒 tashikruk（塔士尅如克）和 turushuk（图如硕克），还有针线包 dektek（德克特克）、桦皮驯鹿驮箱 yilemenk（伊勒孟克）等，也都是由女性来制作和传承的。

（四）男性传承

使鹿鄂温克人的桦树皮制作技艺及传承，体现出鲜明的男性传承特点。tunish（茶叶盒、调料盒）、bangke（烟盒）、jiawu（桦皮船）以及 aoranwen（鹿哨）、piqiawen（狍哨）、kepawen（网漂）等均由男性制作。笔者在敖鲁古雅调研时发现，女性传承人基本不制作 tunish 和 bangke，阿来克可以做主干部分，配料部分（盒盖、盒底，需要刀工和力气）由男人协助。国家级传承人吴旭升说“这是我们男人做的”，得克沙告诉笔者：“主要动针线的都是女人做。”较为杰出的桦树皮民间艺人也以男性为多数，如能够制作桦皮船的安道老人，还有已经故去的索军、谢利杰依等。“在早厉害是索军，那小子就跟你唠嗑，拿个小剪子一会儿就剪一个鹿给你，都不瞅，拿它当书签一整搁书里头。问你要回头的、不回头还是侧脸的鹿，都能剪，几剪子就出来，各种动物。”②“我舅舅（谢利杰依），就是达瓦他爸，做桦皮盒是做的非常好的。就是那个盖儿，木头的，木头盖儿上还有拽的那个把手，雕刻的特别漂亮，那个咬合纹的花纹也特别好看。”③

随着敖鲁古雅旅游业的蓬勃发展，传统桦树皮制品中，形制独特、样式美观又具有较强实用性的 tunish 和 bangke，受到游客的青睐，调动了使鹿鄂温克男性制作桦树皮制品的积极性，因此在传统桦树皮制品的传承上，男性传承表现得较为突出。

---

① 〔苏〕伏·阿·图戈卢科夫：《西伯利亚埃文基人》，白杉译，呼伦贝尔盟文联，2000，第51页。

② 古革军口述，敖鲁古雅，2018年3月，访谈人：娜敏，整理：娜敏。

③ 德克丽口述，敖鲁古雅，2018年3月，访谈人：娜敏，整理：高静贤、胡小倩。

二 传承种类

随着鄂温克人狩猎生产的终结，桦树皮文化的传承地如今只剩下敖鲁古雅乡。过去鄂温克族在制作与使用桦树皮制品时，往往是为解决狩猎生产生活问题，以实用性为主。如今制作的桦树皮制品以供游客购买、满足博物馆需求为主，生产生活需求不再占主要地位。

（一）能够制作的桦树皮制品

这部分桦树皮制品，曾经为鄂温克人狩猎所需的生产工具及生活工具，如今主要为博物馆收藏而制作。

1. 桦皮船。桦皮船（见图1）两端尖而细，微微向上翘，状如梭子。使鹿鄂温克人称桦皮船为 jiawu（佳乌），长度6米至9米，船体呈流线型，整船较为轻便，一人就可以扛着走。在鄂温克族生产、生活中，桦皮船既是交通工具，又是生产工具，主要用于渡江渡河、捕鱼及水中狩猎等生产生活活动。

图1 桦皮船（摄自呼伦贝尔市博物院）

2. 拟声工具——鹿哨、狍哨。鹿哨（见图2），鄂温克语叫 aoranwen（敖然翁），是使用桦树皮或桦木做的拟声工具。猎人利用鹿哨吹出公鹿的叫声，吸引公鹿。到了秋季交配期，一般一只公鹿身边带着三四只母鹿，身边没有母鹿的公鹿听见声音就会立刻赶过来。

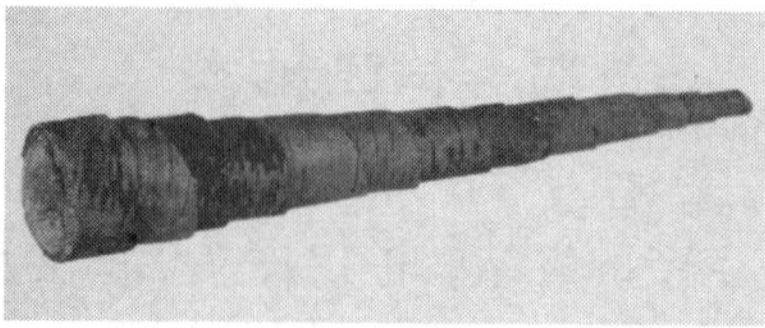

图 2 鹿哨

（图片来源：白丽民主编《鄂温克民族传统社会与文化》，科学出版社，2007，第 49 页）

狍哨（见图 3），鄂温克语为 piqiawen（皮查翁），是猎人用桦树皮做的，在打猎时，以之吹出小狍子的叫声，骗母狍子前来。狍哨的制作方法比较简单，将一块平滑、薄厚适中的桦树皮剪成凹形，然后对折成凸形，在里面再划几道竖线即成。

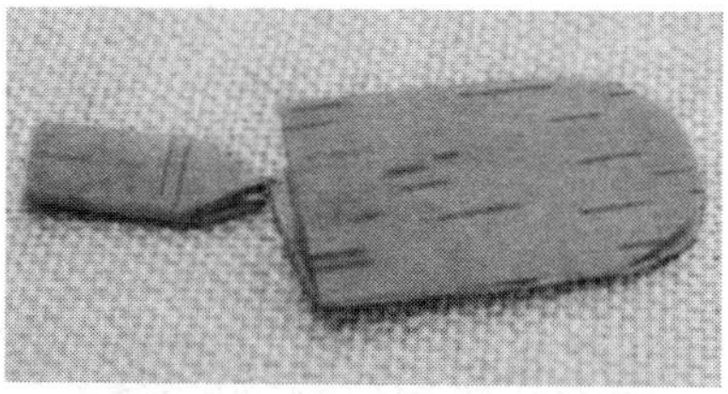

图 3 狍哨（摄自呼伦贝尔市博物院）

3. 桦皮刀鞘。猎刀是鄂温克人狩猎生产必不可少的重要工具，鄂温克人用桦树皮制作刀鞘，在砍刀的刀柄上包裹桦树皮。桦皮刀鞘（刀库），使鹿鄂温克人叫 talu eneki（塔鲁恩讷尅）。“猎刀的刀库，用桦树皮也可以做，而且我们这个砍刀把包的那个也可以用桦树皮。它是粘上，起到牢固的作用。过去我们用的胶是用鱼皮熬的，还有松树的（那个）油，松树油子熬完了以后用那个粘，而且我们做的那个鹿哨，鹿哨也需要粘这个。”①

4. 桦皮驯鹿驮箱（见图 4、图 5）。使鹿鄂温克人用单一的桦树皮制作而成，未挂皮革（通常是驯鹿腿皮毛），使鹿鄂温克人称 tita（提塔）；外面挂皮革的，使鹿鄂温克人称 yilemenk（伊勒孟克）。两只袋子连在一起搭在驯鹿身上。

① 德克丽口述，敖鲁古雅，2018 年 3 月，访谈人：娜敏，整理：高静贤、胡小倩。

图4 桦皮驯鹿驮箱（tita）
（摄自鄂温克博物馆）

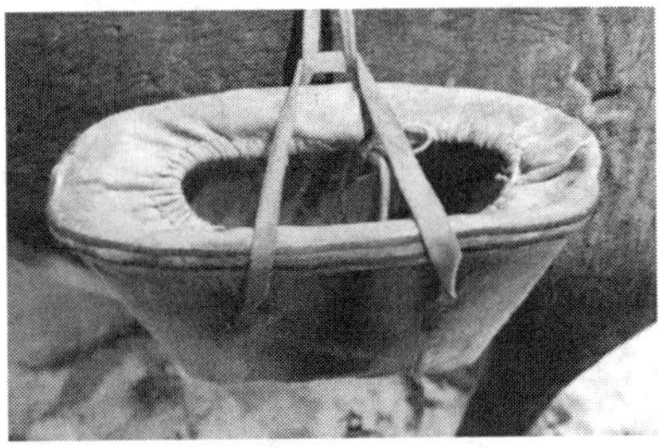

图5 桦皮驯鹿驮箱（yilemenk）
（摄自鄂温克博物馆）

除此之外，还有桦皮碗、桦皮桶等生活用品，制作工艺较为简单，几无装饰花纹。

（二）旅游产业及生活使用的桦树皮制品

1. 桦皮茶叶盒、桦皮烟盒。此种桦皮盒为使鹿鄂温克人特有的桦皮制品。桦皮茶叶盒（见图6），使鹿鄂温克人叫 tunish（图尼施），也可以用来装盐等调料。盒身有扁有圆，以扁盒居多。盒身由双层桦树皮咬合，咬合纹饰丰富多样。盒盖、盒底多为桦木，盒盖把手过去多为木制，雕刻成各种美观的形状，现在多以皮条制作把手，制作起来较为简便。“那个板嘛，就是桦木比较好，桦木因为硬度好，花纹也好。你像有的没有桦木就拿那个松木了，做出来没有桦木（那个）纹路好，桦木衬出来那个花纹，好看嘛，发白。落叶松啥的，衬出的发红不好看。”①

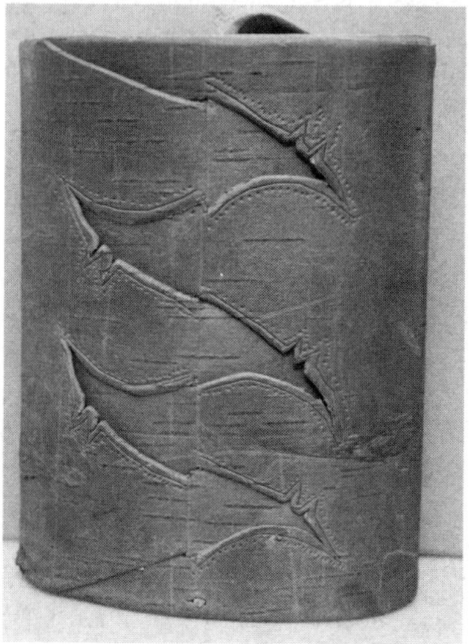

图6　桦皮茶叶盒

（摄自敖鲁古雅，吴旭升制作）

桦皮烟盒（见图7、图8），使鹿鄂温克人称为 bangke（邦克），小于桦皮茶叶盒，制法及纹饰与桦皮茶叶盒相同。使鹿鄂温克人尤其是老年人，有吸口烟的习惯，使鹿鄂温克人称之为 guanr（官儿）。他们将烟叶弄碎，和上木头灰和红茶，这种烟具有提神的作用。此种习惯，同山林生活的防火需求密切相关，因为吸口烟不需要明火，能够避免发生森林火灾。

2. 桦皮盒（见图9）。使鹿鄂温克人使用，分为屋内使用的 tashikruk（塔士尅如克）和屋外使用的 turushuk（图如硕克）。“外头还有一个，（这种）是跟 tashikruk 一样的大小，但是花纹是比较鲜艳的，这个东西它叫 turushuk，这是外面的。里面的就相当于这个架子、碗柜。外头这个是经常

① 李明口述，敖鲁古雅，2018年3月，访谈人：娜敏，整理：高静贤、胡小倩。

图 7 桦皮烟盒
（摄自敖鲁古雅，郭军制作）

图 8 桦皮烟盒
（摄自敖鲁古雅，卜金林制作）

不用的，不随便进屋的这个。因为这个在过去鄂温克人这个民俗里头，屋里的东西经常用的和不经常用的是不混的。”①

图9 桦皮盒
（摄自根河，阿来克制作，双层桦树皮，缝合）

3. 桦皮针线包（见图10）。使鹿鄂温克人独具特色的桦树皮制品，称为 dektek（德克特克）。体积不大，一般长约20厘米，宽度在12~15厘米，整体为扁长形女式手包造型，外侧配有绘制各种图案及颜色的翻盖。

图10 桦皮针线包
（摄自根河，阿来克制作，鹿角纹饰）

（三）以往研究中未曾记录的桦树皮制品

1. 网漂。使鹿鄂温克语称 kepawen（克帕温）。“这是粘上的，你把这个网一拽过来以后，它这个桦树皮一个一个不是有浮力吗？它就始终这样的。我感觉要是没有（那个）它就会沉下去，因为它那个网的底下有那个纤，正好是一个纤对着一个网漂，鄂温克人织网都那么织，我就见过我爸织网。”②

① 得克沙、玛利亚·索口述，根河市，2018年3月，访谈人：娜敏，整理：高静贤、胡小倩。

② 玛利亚·索口述，根河市，2018年3月，访谈人：娜敏，整理：高静贤、胡小倩。

2. 桦皮鞋。使鹿鄂温克人过去曾经穿桦皮鞋，使鹿鄂温克人称之为 talumaounta（塔鲁玛欧它）。“还穿过这样的鞋。夏天，把这个桦树皮厚厚的煮完了以后缝上，这就是夏天的鞋，这就像咱们现在穿的塑料凉鞋一样，它是不怕湿的。因为夏天很多时候在家来回走湿，咱们这个犴皮的是容易湿的，容易坏，再一个就是热，所以就做这个鞋。过去也有穿的，相当于在家那种拖鞋，就这种感觉吧，凉鞋，来回走也可以。”①

三　传承人

联合国教科文组织将传承人定义为：在社区中复制、传承、改造、创造和创制某种文化的社区成员，这些成员的上述传承活动得到整个社区的认可。传承人扮演多重角色，他们可以是非物质文化遗产的创造者、实践者，也可以是非物质文化遗产的管理者。该定义比较准确地界定了传承人的内涵和特征，既包括普通传承人，也包括代表性传承人。② 鄂温克族非物质文化遗产桦树皮制作技艺之所以能够传承至今并保持活力，是因为有沿袭民族传统文化并付诸行动的实践者们，他们是鄂温克族桦树皮文化的重要承载者和创新者。

（一）索伦鄂温克桦树皮技艺传承人

1. 传承人涂秀兰。女，生于 1947 年，索伦鄂温克人。出生在阿荣旗得力其尔鄂温克民族乡，自幼丧母，父亲一手将她带大，她的父亲是个出色的艺人，善于制作桦树皮制品。涂秀兰回忆道：“父亲手非常巧，能编苇子的炕席，会打大轱辘车，能制作各种各样的桦树皮桶、盒子。那时候做大水缸那么大的桦树皮桶，周围用杨木条子固定。原来我家仓房大大小小都是桦树皮，那时候装粮食，磨完米，装米面啥的都用那个桦树皮，还有水桶，kongei（水桶），还有 mata（桦皮盒）……我印象很深，所以退休以后没事我就琢磨这个，很多桦树皮制品都存在博物馆，我就想怎么能让桦树皮工艺流传下去，让更多的人知道我们鄂温克民族的桦树皮文化。我的儿子、两个姑爷，还有老姑娘都会做，我的小孙女现在也跟着我做桦树皮盒。我儿子和

① 玛利亚·索口述，根河市，2018 年 3 月，访谈人：娜敏，整理：高静贤、胡小倩。

② 田艳：《民族文化补偿论》，中央民族大学出版社，2014，第 44 页。

姑爷做得挺好，干净还巧，不用缝，套进去的，那种三角形的。”① 涂秀兰现居住于鄂伦春自治旗小二沟，她执着于传承鄂温克族的桦树皮文化，身体力行地传承着索伦鄂温克的桦树皮传统制作技艺（作品见图 11、图 12），却没有获得任何的称号和待遇，也完全不了解是否能申报、如何申报传承人。笔者建议涂秀兰在鄂伦春旗申报，无论她的制作技艺、传承谱系，还是她的传承行为，她完全符合鄂温克族桦树皮制作技艺传承人的条件和资质。

图 11　桦树皮阿嫩汗（涂秀兰提供图片，涂秀兰制作）

图 12　彩绘桦皮盒（涂秀兰提供图片，涂秀兰制作）

① 涂秀兰口述，鄂温克族自治旗，2017 年 5 月，访谈人：娜敏，整理人：娜敏。

2. 传承人那春林。男，生于1964年，索伦鄂温克人。居住生活于查巴奇鄂温克民族乡，民间艺人，阿荣旗大轮车制作技艺传承人。他多才多艺，从父母及当地的老人那儿，习得很多鄂温克族传统狩猎用具及生活用品制作技艺，擅长制作大轮车、地箭、滑雪板、婴儿摇篮等。他能够熟皮子，制作狍皮衣物、手套及鞋子，能够制作桦皮摇篮模型及小型桦皮盒（见图13）。

图13 微型桦皮摇篮、桦皮盒（那春林提供图片，那春林制作）

（二）使鹿鄂温克桦树皮技艺传承人

1. 国家级传承人吴旭升。男，生于1974年，使鹿鄂温克人。在山上跟着老猎民学习桦树皮制作技艺，10岁左右开始制作桦皮制品。擅长制作使鹿鄂温克人传统的tunish（茶叶盒、调料盒）、bangkc（烟盒），能够制作小型桦皮船模型。2017年年底被评为鄂温克族桦树皮制作技艺国家级传承人。吴旭升未受过专门美术训练，能够制作桦皮画（见图14）、木板刻画、木雕及驯鹿角雕刻等工艺品。他创作的驯鹿作品，无论是剪的、画的还是刻的，都相当传神，令人印象深刻。

2. 根河市级传承人德克丽。女，生于1972年，使鹿鄂温克人。擅长制作使鹿鄂温克特色桦树皮制品dektek（桦皮针线包）等。德克丽在传统制品的基础上创作桦树皮挂盘（见图15）等桦树皮工艺品，还制作桦树皮项链、耳环等。同样未曾学过美术的她，却能在桦树皮工艺品上将驯鹿等图案绘制得惟妙惟肖。同时，她擅长鹿角骨雕、毛皮制品制作，为自治区级敖鲁古雅使鹿部落猎民服饰传承人。

图 14　桦皮画（吴旭升制作）

图 15　桦树皮挂盘（摄自敖鲁古雅，德克丽制作）

3. 传承人玛利亚·索。女，大约生于 1928 年，使鹿鄂温克人。传承使鹿鄂温克传统桦树皮制品的制作，能说出所有桦树皮制品的使鹿鄂温克语名称，可以清楚地解释各种桦树皮制品的具体用途。老人及其女儿得克沙提供的使鹿鄂温克人过去用的网漂、穿的桦皮鞋，之前从未在文献资料中记录过。

4. 传承人安道。男，生于 1940 年，使鹿鄂温克人。传承使鹿鄂温克桦皮船制作技艺，制作 tunish、bangke，会制作鄂温克猎刀、口弦琴等。呼伦贝尔市级鄂温克狩猎工具传承人。

5. 传承人安塔。女，生于 1944 年，使鹿鄂温克人。传承使鹿鄂温克传统桦树皮制品的制作。老人很骄傲地对笔者讲："看别人做（桦皮制品）就会做，啥都会做。会皮子活儿、熟皮子，会做皮手套、皮衣、皮裤、皮帽、鞋子。"① 自治区级鄂温克族熟皮子技艺传承人。

6. 传承人阿来克。女，生于 1958 年，使鹿鄂温克人。曾任内蒙古自治

① 安塔口述，敖鲁古雅，2018 年 3 月，访谈人：娜敏，整理：娜敏。

区第六届人大代表，2002 年从根河市敖鲁古雅鄂温克民族乡工会退休。她擅长讲述鄂温克族民间故事、制作手工艺品。

7. 传承人李明。男，生于 1975 年，使鹿鄂温克人。其桦树皮制作技艺师承自老猎人安道。李明主要制作使鹿鄂温克传统的 tunish 和 bangke，将其作为旅游产品进行销售。

8. 传承人卜金林。男，生于 1964 年，索伦鄂温克人。20 世纪 80 年代中期由扎兰屯萨满街鄂温克民族乡来到老敖乡，跟使鹿鄂温克人学会了 tunish 和 bangke 的制作。2005 年开始从事旅游纪念品生产，主要制作使鹿鄂温克传统桦皮盒、桦皮烫画和鹿角雕刻工艺品。他的妻子张国凤制作各类特色工艺品，如桦皮挎包、毛皮挎包等。

此外，还有笔者未能采访到的达瓦、何海清、郭军等鄂温克族桦树皮技艺传承人。这些传承者及其传承的民族技艺，需要得到应有的尊重和保护。“非遗只有在社区民众世代认同、持续实践的基础上才有意义，也须有社区民众的自觉呵护才会传承下去，如果非遗所在群体不再认同它们，不再传承，保护就是镜花水月。”①

An Analysis of the Inheritance of Ewenki Birch Bark Art

Na Min

Abstract: Based on the fieldwork and the literature, the inheritance of the Ewenki birch bark culture is discussed from three aspects: inheritance mode, inheritance types and inheritors. It is mainly inherited collectively according to the time of the year. Due to the different social labor, different types of birch bark products show the inheritance of different genders. The birch bark products are mainly divided into that can be made and used in the tourism industry and daily life. The inheritors of birch bark making techniques of Ewenki are the important carriers and innovators of birch bark culture of Ewenki.

Keywords: Ewenki; Birch Bark Culture; Inheritance Mode; Inheritor

---

① 钱永平：《UNESCO〈保护非物质文化遗产公约〉述论》，中山大学出版社，2013，第 160 页。

鄂温克族传统艺术探析

汤　洋

摘要： 鄂温克族具有鲜明的地域文化特征和民族个性，特别是在口头文学、民歌、说唱、舞蹈、绘画、雕刻等方面都十分发达。民歌及雕刻尤为突出，是森林狩猎民族特有的天赋，是狩猎经济、狩猎民族文化素质及审美个性的反映。鄂温克族传统艺术从总体来说，仍以森林狩猎民族特有的文化艺术为主，同时又有一定的草原文化特征。

关键词： 鄂温克族　传统艺术　民族文化

作者简介： 汤洋，黑龙江省社会科学院民族研究所副研究员，主要从事民族政策理论与民族问题等研究。

鄂温克族主要分布在内蒙古自治区的鄂温克族自治旗、陈巴尔虎旗、莫力达瓦达斡尔族自治旗、阿荣旗、鄂伦春自治旗、根河市、扎兰屯市和黑龙江省的讷河市等地。[①] 清代以前，索伦鄂温克人居住在黑龙江以北、外兴安岭以南地区，沿黑龙江左畔各支流和精奇里江各支流流域生活。清代以后，索伦鄂温克人越过黑龙江，南迁至嫩江流域以及嫩江以西的大兴安岭地区。中华人民共和国成立以后，索伦鄂温克人和通古斯鄂温克人，主要从事畜牧业、农业生产，猎业已成为辅助经济。使鹿（雅库特）鄂温克人仍然过着游猎生活，以狩猎和饲养驯鹿为主。

鄂温克族的传统艺术具有鲜明的地域文化特征和民族个性，在体现东

① 杨莉莉：《鄂温克族——住在大山林中的人们》，《西部资源》2005 年第 6 期，第 41 ~ 42 页。

北大森林独特的地域风貌的同时，也充分展现出民族创造力与想象力。他们能歌善舞，他们的民歌美妙动听，风格独特，特别是牧歌和猎歌，最能表现鄂温克族勇敢而质朴的性格。每逢年节或举行婚礼时，一般由妇女跳鄂温克族舞蹈。努日给勒舞舞步独特，刚健有力，节奏性强，以“跟靠步”和“踩步”为其舞蹈特点。猎区的舞会多在晚间围绕篝火举行，主要跳“跳虎”和“猎人舞”等舞蹈。“扎恩达勒”是鄂温克族山歌和小调类歌曲等民歌的统称。造型艺术有刺绣、雕刻、绘画等，而且鄂温克人喜欢在器皿上饰以多种花纹图案，并善于用桦树皮做原料制成禽兽形状的儿童玩具。[①]

一 造型艺术

鄂温克族的造型艺术有桦树皮器皿具造型工艺和装饰艺术、木制器皿具工艺、刺绣、服饰、雕刻、绘画、岩画、建筑等形式。古代鄂温克人还在狩猎、游牧生产过程中发展了自己的艺术创造才能，为满足社会生活本身的需要，他们不得不去探索各种艺术，为部落、氏族和家庭服务。尤其是为满足宗教的需要，人们努力创造各种艺术，于是出现了各种绘画、刺绣、雕刻、压印、剪贴、岩画等艺术门类。鄂温克人所采用的纹饰与他们每天的生产生活息息相关，都来自大自然。他们对大自然的各种动植物和各种实体观察得特别仔细，因此纹饰具有自然、质朴和真实的风格。鄂温克人的图案艺术中的纹饰主要有自然纹、植物纹、动物纹、几何形纹。自然纹有山体纹、峰峦纹、水波纹、浪涛纹、太阳纹、月牙纹、星光纹、卷云纹、叠云纹、波云纹等；动物纹有鹿纹、鹿角纹、变形鹿角纹、抽象鹿纹、鹿头纹、变形鹿头纹、蝴蝶纹、兔纹、灰鼠纹等；植物纹有树体纹、树枝纹、树叶纹、树芽纹、枝叶纹、花朵纹、花瓣纹、松塔纹、蘑菇纹等；几何形纹有直线纹、涡形线纹、三角纹、弧形纹、方形纹等。这些纹饰按照需要用于绘画、刺绣、雕刻、压印、剪贴等工艺中，十分美观。

（一）绘画艺术。绘画艺术在鄂温克地区十分发达，这里出现了很多像阿伦河流域查巴奇屯的那塞德这样著名的民间画家，他们的画贴近生活，深受人们的喜爱。鄂温克人的绘画主要表现在两个方面。一是在绘画中占主导

---

① 汤洋：《黑龙江鄂温克族简史》，黑龙江教育出版社，2015，第86页。

地位的为神像画，萨满教的神像画是最多的，如斡卓日神、娘娘神、卓勒神画像等。二是出自妇女之手的鞋花画，主要体现在妇女穿的绣花鞋上，刺绣前要画出图案，然后按图案刺绣。很多牧区家庭妇女都会画鞋花画。鞋花画的内容主要是花卉、禽鸟和昆虫。如百合花、芍药花、牡丹花、莲花、蝴蝶、百灵、燕子、云雀等。同时，妇女和小孩等人衣服的领与襟的边缘都有刺绣的图案，特别是萨满穿的法衣，多处都有刺绣图案。除了服装外，日常用的烟口袋、钱袋等也都有刺绣的图案。

（二）雕刻。雕刻主要包括木雕、角雕、桦皮雕等。木雕多用于马鞍和儿童玩具。玩具是立体的羊、兔、鹿、松鼠等小动物雕品；角雕有刀柄、烟嘴、顶钉、角戒等。鄂温克人制作的桦树皮器皿包括碗、盆、火柴盒、帽盒、针线盒、水桶、奶桶、米篓、驯鹿驮箱、桦树皮撮罗子等，各种制品大小各异、装饰风格独特。纹饰有几何形纹、植物纹和动物纹三种。装饰技法多为压花纹、点刺打花纹、剔刻纹、墨绘纹、彩绘纹等。装饰纹样与装饰手法上既有地域文化的共性，又有鲜明的鄂温克民族个性特征。除此之外，德力格丁神的面具也是用桦树皮雕制的。压印艺术只有在桦树皮器物上才会出现。一般桦树皮制品上除了少量的雕刻外，绝大多数器皿上都有纹饰。这种纹饰工艺简单，对器皿无损害，而且保持长久，所以桦树皮制品桦皮帽、桦皮狍哨、桦皮摇篮等上的压印纹饰就特别多，而且美观大方。

（三）剪贴艺术。剪贴包括皮贴、布贴、桦皮贴和剪纸。皮贴是用兽皮剪成萨满神像和做兽皮服饰的装饰。在萨满教中，吉雅其神、哈音神都是用兽皮剪成的人形神像进行供奉。各种狍皮、犴皮、鹿皮衣服的开衩、袖口、领边以及套裤的膝盖处，都要用兽皮剪成各种图案并染上各种颜色缝上，增加服饰的美感。布贴主要用于装饰鞋、帽和日用品。妇女帽子的帽顶、帽盔边、烟口袋等物品，用呢绒、绸缎、花布剪成各种图案缝上，既结实又美观。桦皮贴主要用于桦树皮器皿，就是用桦树皮剪成各种图案粘在器皿上，增加器物的立体感。剪纸用途比较广泛，除了窗花、墙花以及小孩玩的剪的各种小人、小动物外，它还有模拟、复制的用途。如制作皮贴、布贴、桦皮贴时，都是先用纸剪成模型，然后放在兽皮、布缎、桦树皮上再剪下来缝于各种物品上。因此，剪纸也就成为一种非常简便美观的艺术。

（四）桦树皮造型艺术。桦树皮器皿具造型工艺及装饰艺术，又被称为“桦树皮文化”。桦树皮文化在中国北方民族中有着悠久的历史，至今仍是北方民族物质文化的重要内容。黑龙江省文物考古工作队在黑龙江省肇源县白金宝原始遗址中，发现了仿桦树皮陶罐（高约 11 厘米），据测定相对年代距今有 3000 年左右，这就是说桦树皮文化最少在中国北方有约 3000 年的悠久历史。历史上，生活在北方的鲜卑、契丹、女真及现代的满族、锡伯、赫哲、达斡尔、鄂伦春等民族也都有过使用桦树皮制作器皿具的传统，形成了我国北方特有的民族地域文化。桦树皮文化属于世界次北极文化圈中的典型文化。因此，桦树皮器皿具造型艺术不仅是加工技艺和功能等艺术表现，也是蕴藏于桦树皮制品之中的文化精髓，有着象征意义和极其重要的内容。桦树皮造型艺术在历史学、考古学、民族学上，都有着不可估量的作用。①

鄂温克语称桦树皮为“塔勒”。桦树皮造型艺术鲜明的特征就是利用自身的环境与资源而制作的器皿、器具等，具有良好的防水防腐、不易裂、不易碎、不变形、防潮性能好、轻便耐用的优点。桦树皮制作工艺形式多样，采集桦树皮要在夏天头伏期间进行，因为这个时期的桦树皮质软、好用、好剥，一过头伏桦树皮长成硬皮，就不好剥了。剥树皮的方法也很重要，不是在任何部位开刀都能把树皮顺利地剥下来，桦树皮有一个最厚的部位，鄂温克人称为树的腹部，只有在腹部下顺刀才能把整块的桦树皮剥下来。桦树腹部的特点是皮面不光滑、疙瘩节子又多。剥树皮时，先切上面的横刀，按树干的粗细把圆周割通，然后再切下面的横刀，上横刀与下横刀中间的距离，要根据取材的需要和树皮质量情况而定。最后在所说的腹部中心位置由上而下顺切，将上横刀与下横刀之间切通。如果切的正，桦树皮自己就能打卷下来。但桦树不会因剥皮而死，剥皮的位置逐渐变成黑色，第 3 年开始又长出白色树皮，经过四五年后，树皮逐渐变厚变硬，经过 12 年后，又可以剥掉树皮了。一棵桦树可以剥 3 次皮，质量是一样的。

由于桦树皮制品有防水、防潮等优点，因此鄂温克人用桦树皮做各种器皿。做器皿之前要对采集来的桦树皮进行处理，挖一个土坑，坑里装一层干马粪，然后上面摆放桦树皮，要一层一层摆放，如果桦树皮多，土坑可以挖深一些，在桦树皮上面埋上厚一些的土。7 天之后，再把桦树皮从土坑中取出来，这时桦树皮已经膨胀，而且变厚变柔软，像熟好的皮子一样。这样处理的桦树皮就可以制作各种器皿了。器皿的种类比较多，常做的有桦皮针线盒、桦皮茶盒、桦皮烟盒、桦皮盐盒、桦皮饭碗、桦皮洗脸盆、桦皮洗衣

① 参见刘玉亮《中国北方捕猎民族纹饰图案与造型艺术》，黑龙江教育出版社，2011。

盆、桦皮水桶、桦皮奶桶、桦皮米桶、桦皮箱、桦皮匣子、桦皮笸箩、桦皮摇篮、桦皮夏帽等20多种。[①]

鄂温克人制作桦树皮器皿时，使用各式各样的工具。裁剪桦树皮用刀、剪，缝连桦树皮用针、麻绳、鬃绳、皮绳，粘合桦树皮用松树油熬制的粘油，压印桦树皮用铁凿、钉、窄铁板、铁锥等，涂染桦树皮用刷子、笔和从植物中榨取的各种颜色的染料。有了这些工具加上熟练的技术，鄂温克人就可以制作出好的桦树皮器皿。

二　传统歌舞艺术

鄂温克族的传统舞蹈豪放朴实，特别是脚步动作极为独特，刚健有力，节奏性很强，充分表现了鄂温克族人民爽朗、勇敢的性格和乐观向上的气质。

（一）传统舞蹈

舞蹈是人的一种行为艺术，也是特定社会实践的产物，它表现了鄂温克人的精神与愿望。由于长期的狩猎活动和游牧生产，他们形成了热情豪放的性格，因此鄂温克族舞蹈具有粗犷、刚健的特点。尤其在北方严寒地带，狂风暴雪培养了他们坚韧不拔的勇敢精神。这种文化底蕴对鄂温克族舞蹈在形成具有深远的影响。特别是猎人狩猎每天所面对的就是高山、丛林、野兽、飞禽，为了生存世代奔波在这种环境中，鄂温克族舞蹈在形成过程中吸收了许多狩猎生产内容和仿生动作。历史上鄂温克人与其他民族杂居，在经济文化方面相互渗透、相互影响，时间一长鄂温克族舞蹈中也就慢慢地具有了地方特点。如居住在嫩江右支流各流域的鄂温克人和居住在敖鲁古雅的鄂温克人，他们以狩猎生产为主，又与鄂伦春族交错杂居，因此他们的舞蹈具有狩猎型特点；居住在辉河、伊敏河、莫勒格尔河流域的鄂温克人，他们以游牧生产为主，又与蒙古族交错杂居，所以他们的舞蹈具有游牧型特点。这些特点都反映了鄂温克族与其他民族长期交往的文化特征，也为鄂温克族舞蹈的发展提供了更多的思路和更广阔的空间。鄂温克族主要舞蹈包括努日给勒舞、熊斗舞、天鹅舞、公野猪搏斗舞、篝火舞、哲辉冷舞、萨满舞、虎舞、

① 汤洋：《黑龙江鄂温克族简史》，黑龙江教育出版社，2015，第86页。

鹿舞、彩虹舞等。

努日给勒舞也称“伊坎”，是鄂温克族的传统舞蹈，努日给勒舞分为四组动作：第一组动作为起始，开始跳时，表情自然抒情，双手平举，手腕向下压，双手臂左右换方向摆动，双脚走单踩步，节奏由慢到快，随着动作的渐进，口呼“罕伯、罕伯……”而后两人面对面拉手，互相有节奏地交换位置，反复循环。第二组动作是两人面对面做，共有三个舞式，首先右手立掌在胸前，从右到左，再换左手，做同样的动作；然后双手握空拳，一手在背后，一手在腹前，在腰间一前一后交换摆动；最后双手叉腰，挺胸相互对肩，半踏步。在做上述三个动作时，口呼“路吉日、呼吉日、额丘沃……”第三组动作是梳妆。两人面对面，左手握空拳举在左胸前，右手放在左手腕下部，类似绾袖子或给左手戴手镯的动作，口呼“嘎嘿日嘎、嘎嘿日嘎……”接着变为照镜子梳头动作，左手背后，将右手掌从额前移动至脑后，再换左手，反复动作，身体变换方向、脚为半踏步。然后双手在脸前拍一下，左手平展在脸前，掌心向面，视为镜子，右手抚摸头发，并伴随口呼“额谢，额谢……”脚仍为半踏步。第四组动作是担水，一手叉腰，另一手下垂再由下向上划半圆形抬到肩上，类似扶扁担的动作，左右手反复变换，节奏由慢变快，慢时口呼“额丘玛、额丘玛……”动作加快后改呼“额丘、额丘……”脚为平步前进。

熊斗舞是模仿黑熊搏斗动作的舞蹈。熊斗舞为俩人一组，表演时可一组，也可多组。跳舞时上身稍向前倾，两膝向前弯曲，左右两手分别放在左右两膝上，然后两腿同时抬起向前蹦跳，随着跳步头向左向右转向，并发出“哈玛、哈玛……”的吼声。这种舞蹈步伐有力，节奏沉重，动作稳健，表情威严，表现出鄂温克人的粗犷性格。

天鹅舞，鄂温克语称“敖日切”。跳舞时，人数不限，男女均参加，男外女里站成两圈。双臂在右平行伸展，手心向下，双肘下压，随着音乐节奏上下摆动，似天鹅展翅飞翔，脚走跟随步，男圈左行，女圈右进，里外两圈可以交错，相互换置。配合舞步，男呼“咕”，女呼“嘎”，交替呼叫，恰似天鹅盘旋降落时的鸣声，动作逼真，形声优美，舞姿独特，别具一格。

公野猪搏斗舞，鄂温克语称“爱达哈希楞舞”，是男人跳的舞蹈。这是模仿雄野猪为了争夺交配权相互进行搏斗的场面，是通过舞蹈形式表现出来的艺术。该舞为双人舞，舞者化装成野生动物形象，模仿动物格斗，进行表演。舞蹈开始时，两人从左右两边向中间靠拢。一腿膝盖弯曲，另一腿向后抬起，身体前倾，双手握拳，一手伸向前，一手伸向后，单跳步相对而行。二人相互接触后，背对背从左向右转圈，然后两人面对面，左手相拉、左脚相勾，摆成扇面形亮相。接着变为斗式，双腿下蹲，跳跺步，相互撞肩，并做咬肩状，反复做动作。在跳舞过程中，口呼“哈玛、哈玛……”以示威严。

篝火舞也称“圆圈舞”，这是在敖鲁古雅一带流传的传统舞蹈。篝火舞在夜间举行，人们跳舞时，首先拢一堆篝火，然后大家手拉手围着篝火围成一圈，从左向右按太阳运行方向以单跳步或走步围篝火转，身体随舞步前合后仰，并伴有“号！号！号代！噢号！噢号！号日代……”的喊声，表达猎民兴奋、欢乐的心情。

哲辉冷舞是一种连唱带跳的集体舞蹈。跳时二人为一组。二人面对面手拉手左右转动。动作简单，以唱为主，人人都能跳。

萨满舞是萨满举行宗教仪式或给病人治病时跳的舞蹈。萨满手持神鼓，边击鼓边唱神词边跳舞。随着鼓点的变化，萨满模仿熊、虎、鹰、雕的各种动作，尽情地翩翩起舞。这种舞蹈的直接目的是娱神、媚神、除污、驱邪。萨满的舞技特别高超，利用走步、蹦跳、旋转来表演翻鼓、转鼓、斜鼓。跳舞过程中动作有力，节奏明快，富有感染力，舞姿舞技达到炉火纯青的地步。

虎舞是鄂温克人的传统狩猎舞蹈。虎舞由五人组成，其中四人扮虎，一人扮虎的猎物。扮虎者分别站在舞台的东南、东北、西南、西北四个方向，扮猎物者在中间。扮虎者双腿叉开，双手扶膝，以双腿蹦步向猎物方向前进，然后相互交叉，调换位置，反复做动作。扮猎物者戴一顶鲜艳的帽子，在场内双脚蹦跳，左顾右盼，躲避老虎，在场内盘旋，直至其中一只虎将猎物的帽子取走为止，舞蹈结束。

鹿舞是鄂温克人的传统狩猎舞蹈。鹿舞为双人舞，一人扮鹿，一人扮猎人。开始鹿走奔驰步，猎人走马步，相互穿插舞动。在舞动过程中，鹿受箭伤而逃，后经一清泉伤愈而逃走。猎人赶到发现这是药泉后，望着逃走的鹿喝了一口泉水，舞蹈结束。整个舞蹈全采用快速舞步和眺望、射箭等各种狩猎动作，舞姿刚健优柔，节奏轻盈。

彩虹舞是现代创作的集体舞蹈。彩虹舞是由著名舞蹈家贾作光先生编舞、锡林巴特尔作词、图力古尔作曲而形成的集体舞，彩虹舞多以歌来伴舞。彩虹舞多由女性表演，演出时演员穿上赤、橙、黄、绿、青、蓝、紫七种颜色的舞服，头戴红缨帽、脚蹬软皮靴进行表演。舞步节奏时而轻缓、时而紧张，表现了人们在草原上的欢乐情景。①

（二）民歌

民歌，鄂温克语称作“扎恩达勒”，是鄂温克人社会生活的重要组成部分，民歌与日常生活的联系非常密切。鄂温克族民歌有多种分类法，按社会阶层分为朝政歌、俗歌、萨满歌；按内容分为时政歌、仪式歌、劳动歌、情歌、儿歌；也有按调式分类的。鄂温克族民歌有一个在其他民族的民歌中不曾见到的特点，它有两支曲子是所有民歌的共同曲牌，一支是“呐哟哟”，另一支是“哲为哲辉冷”。即兴编创的歌词可用这两个曲调来演唱，同时这两个曲调也可作为舞曲。鄂温克族民歌富于生活气息，有讴歌生产劳动的，如《猎歌》《牧歌》；有关于爱情婚姻的，如《为什么把她嫁给我》；有歌颂家乡的，如《内库楞》《美丽的辉河，我的家乡》。鄂温克族民歌不仅题材广泛，内容丰富，富有草原和森林气息，而且曲调悠扬动听，明朗欢快，颇具风格。

时政歌是反映时事政治、阶级斗争和历史状况的民歌，如《应征怨》《被逼迫出征的哥哥》《残害我们的诺颜》《海兰察将军之歌》。仪式歌是在生诞礼、婚礼、丧礼、祭祀礼、庆祝礼等各种仪式上唱的歌曲，如《祝酒歌》《婚宴祝酒歌》《嫁女歌》。劳动歌（也包括生活歌）是讴歌狩猎、游牧、采集生产和反映人间万象的歌曲，表现鄂温克人的喜怒哀乐和渴求自由的愿望，如《喜欢》《我的家乡好》《猎人之歌》《救救我的孩子》《我们是山林里的人》。情歌是通过对纯朴爱情的赞颂，来表现青年男女对幸福生活的追求，如《阿尔巴吉河》《亲爱的人》《梅林花》《海勒铁恋歌》。儿歌是成年人用口述或简短语句唱给儿童听的歌曲或教儿童唱的歌曲，儿歌篇幅比较短小，节奏鲜明，朗朗上口。儿歌可分为游戏歌、事物歌、知识歌等，如《白桦林里的小兔子》《骑驯鹿》《鄂温克摇篮曲》。叙事歌是以歌唱的形式表述一个完整的事物，这种事物有真人真事，也有编创的故事。它的特点是篇幅较长，叙述的事物有人物、时间、地点、情节和结果。如果按内容划分，完全可以归到以上某一种类型的民歌中，但因篇幅过长，又有叙事特点，所以我们把它单独列为一个类型，如《母鹿之歌》《恋歌》都属于叙事歌。

---

① 汤洋：《黑龙江鄂温克族简史》，黑龙江教育出版社，2015，第86页。

总之，鄂温克族民俗及文化艺术十分丰富，有其鲜明的民族个性和地域文化特征。鄂温克族的传统艺术与现实世界的无限丰富性有着密切关系，与创作者的个人气质、生活经历、所处时代、创作情感、创作题材等有直接关系。艺术的发展不同于自然科学，自然科学是人类对客观世界认识的不断深化，它是在不断否定以前成果的基础上进行的。艺术表现则是人类对客观世界在不同历史阶段的认识，这种认识因各具阶段性特点而有各自的独特价值，各阶段之间不能相互否定或取代。[①] 通过对鄂温克族传统艺术的了解，我们不仅可以从中获得美的享受，同时，我们可以通过对不同时期不同地区的鄂温克族的传统艺术的了解，体会到当时鄂温克人的生活状况和心境。

鄂温克族的传统艺术由于其质朴率真、大方、实用简洁、象征寓意等特点，具有物质文化和精神文化双重性质。我们通过标定的审美价值和取向，对鄂温克族传统艺术的形式、内容、题材与样式进行深入分析和理解，可知其具有现代价值的视觉元素，能够积极促进民族艺术的传承与发展。这将有利于调动其积极的因素，有利于巩固其地域的艺术风格，使其按照自身的审美取向和审美标准，进行多样化的发展。鄂温克人用他们的劳动和聪明智慧，创造了独有的艺术形式，这种传统艺术有着浓郁的神秘气息和宗教色彩，体现出文化在审美接受过程中的价值，也是文化主体的重要核心内容。同时充分体现了捕猎生产方式对该民族各方面的深刻影响，已成为北方少数民族艺术中重要的审美思想。从某种意义上讲，传统艺术是全体社会成员在长期的历史实践中创造的，是生产、生活与斗争的观念和行为方式。它比较稳定地支配着社会成员的思想和行为，以此来创造新的物质财富和精神财富。虽然是相同的社会制度、历史传承、价值观念、审美趣味、思维方式和生产生活方式，但由于民族性格等方面均存在着差别，其民族艺术产生明显的差异性。[②] 因此鄂温克族的传统艺术充分体现了鄂温克族近千年来的历史发展进程和文明程度。鄂温克族的传统文化有其鲜明的个性，对于丰富多彩、内涵深远的中华民族文化有着深远的意义，是中华文化重要的组成部分。

---

① 王江鹏：《艺术史的追溯——造型艺术的风格概念》，《文艺争鸣》2010 年第 8 期，第 93 页。

② 刘玉亮：《中国北方捕猎民族纹饰图案与造型艺术》，黑龙江教育出版社，2011。

Exploration and Analysis of the Ewenki Folk Art

Tang Yang

Abstract: The Ewenki folk art has prominent regional and ethnic characteristics. The oral folk literature, folk songs, folk dance, arts and crafts, folk painting and sculpture are striking. The folk songs and folk sculpture are gifts for this forest hunting group, and reflect the hunting economy, ethnic culture, and particular esthetic. Generally speaking, the Ewenki folk art is dominated by the traditional culture and art, and has certain grassland cultural characteristics at the same time.

Keywords: Ewenki Nationality; Folk Art; National Culture

仪式与风俗

达斡尔族萨满神灵的类型分析

——以斡米南仪式及其神歌文本为例

萨敏娜

摘要： 本文首先根据达斡尔族萨满教研究的重要文献《达斡尔族社会历史调查》介绍19世纪50年代开展社会历史调查时期收录的达斡尔族供奉的十几种（个）神灵，并对其进行了简单评析；然后，根据对当代活跃的达斡尔族大萨满的访谈，介绍新近采集到的达斡尔族普遍供奉的主要神灵类型及其复杂性；进而以一场真实的达斡尔族萨满仪式——斡米南仪式及其神歌文本为例，介绍了达斡尔族的灵魂观、神灵观和宇宙观，以及更多生动的、未曾在早期文献中出现的神灵，并据此把达斡尔族萨满神灵分为祖先神与助手神两大类，从而揭示了达斡尔族萨满教神灵体系的庞大与复杂。总之，这既是对当代萨满访谈记录的印证和充实，也是对达斡尔族神灵体系和结构认识的丰富和发展。

关键词： 达斡尔族　斡米南仪式　萨满神灵　祖先神　助手神

作者简介： 萨敏娜，中央民族大学哲学与宗教学学院助理研究员，主要研究方向为宗教文化。

引　言

达斡尔族，中国55个少数民族之一，有语言，没有文字，其语言属于阿尔泰语系蒙古语族。2010年第六次全国人口普查数据显示，达斡尔族总人口为131992人。达斡尔族现在主要居住于内蒙古自治区莫力达瓦达斡尔族自治旗、鄂温克族自治旗、海拉尔地区，黑龙江省齐齐哈尔市梅里斯区，新疆维吾尔自治区伊犁州塔城地区。莫力达瓦达斡尔族自治旗是达斡尔族聚居最集中的地区，政府所在地为尼尔基镇。

萨满教是达斡尔族传统文化的重要组成部分，曾经深刻地影响了他们社会生活的方方面面，萨满教在达斡尔族民间的深厚根基从未真正中断。虽然公开的萨满仪式活动没有了，但老百姓一直在悄悄地信奉他们的神灵，萨满信仰一直顽强地在达斡尔族民间流行。改革开放后特别是近 30 年，中国经济蓬勃发展，传统文化出现了全面恢复和重建态势，达斡尔族中也出现了以斯琴掛和沃菊芬为代表的新时代大萨满，她们举行了大量公开仪式活动，恢复和传承着民族传统信仰文化。

研究任何一种文化，都离不开对它的宗教的理解。也就是说，不理解一个民族的宗教，也就不能真正深刻地理解一个民族的文化，越是古老的文化，这个问题越突出。要想了解达斡尔族，就要了解其来自远古时代的传统信仰文化萨满教，而研究一种信仰文化最重要和首要的问题就是要搞清楚其神灵观念问题。正如吕大吉先生指出："宗教是关于超人间、超自然力量的一种社会意识，以及因此而对之表示信仰和崇拜的行为，是综合这种意识和行为并使之规范化、体制化的社会文化体系。""这种宗教定义把宗教当成四种要素（宗教观念、宗教体验、宗教行为、宗教体制）的综合与统一。它揭示了宗教的核心和本质内容是关于超人间、超自然力量的信仰（'神'观念）。""人头脑中萌生的宗教观念（主要是灵魂观念、神灵观念、神性观念）是一切宗教的逻辑出发点。"[①] 神灵观是一切宗教信仰的内核，也是萨满教信仰的内核，是研究达斡尔族萨满文化的起点并贯穿全部过程。

一　文献所载达斡尔族供奉诸神概况

《达斡尔族社会历史调查》第十二章"宗教信仰"记述了达斡尔族"供奉的诸神"：

（一）"腾格尔"（天）

① 吕大吉：《宗教学通论新编》，中国社会科学出版社，1998，第 79、80、84 页。

（二）“霍列力·巴尔肯”[①]

（三）“霍卓尔·巴尔肯”（祖神）

（四）“博果勒·巴尔肯”

（五）“吉雅其·巴尔肯”

（六）“哈音”

（七）“敖雷·巴尔肯”（狐仙爷）

（八）“浩佟·巴尔肯”（又名：花然·巴尔肯）

（九）“巫西·巴尔肯”

（十）“娘娘·巴尔肯”（又名：“喜格额倭查”和“乌其肯额倭查”）

（十一）“斡咩·巴尔肯”（保胎神，和汉族子孙娘娘相似）

（十二）“温沁巫西·娘娘”

（十三）“阿巴嘎尔歹”

（十四）“翁胡尔·巴尔肯”（又名“瓜尔本·阿彦”，即三个阿彦的意思）

（十五）“苏木·巴尔肯”

（十六）其他

1. 祭敖包

2. 祭白那查

3. 祭河神

4. 祭北斗星

5. 祭“霍得·郭尔朗”

6. 祭“谢如·达来勒”[②]

根据笔者的多次田野调查和面对面访谈，笔者发现《达斡尔族社会历史调查》中的记述与现实情况不尽相同。首先，达斡尔族供奉的神灵非常多，远远不止上述15种加“其他”6种祭某某；其次，该书没有全部列出达斡尔族普遍供奉的重要神灵；最后，分类标准不够明晰，神灵有重复罗列

① “巴尔肯”即“巴日肯”，“巴日肯”更接近于达斡尔语发音。——笔者注

② 内蒙古自治区编辑组编《达斡尔族社会历史调查》，内蒙古人民出版社，1985，第242～258页。

和交叉现象，其中还有谬误。

《达斡尔族社会历史调查》收集的资料至今看来都极为珍贵，是研究达斡尔族及其信仰文化的重要参考材料之一。但是，由于当时的社会历史条件限制，特别是缺少活跃的萨满和活态萨满仪式，关于神灵的记述还存在一些局限性。比如，对神灵没有进行分类，其实，“巫西·巴尔肯”（乌西·巴日肯或曰乌西·娘娘）、“娘娘·巴尔肯”、“斡咩·巴尔肯”（奥米娘娘）和“温沁巫西·娘娘”都是娘娘神，而“祭北斗星”在早期的达斡尔族信仰观念和崇拜活动中实际上是供祭天神；还有，“白那查”和“敖雷·巴尔肯”都是山神之一种，而且敖雷·巴尔肯不限于“狐仙爷”，而是山神的总称或者一般称谓；“阿巴嘎尔歹”（阿巴嘎拉岱）是面具神，斯琴掛萨满及其太爷爷拉萨满都有这种面具神，据说是其“翁果日”的总管和统领；再比如，“哈音”并不是单独的神灵，而是某些哈拉莫昆家族“霍卓尔·巴尔肯”（祖神）的偶像；等等。

《达斡尔族社会历史调查》在这部分的最后总结中说：“据说在这些神中腾格尔、霍列力、霍卓尔、博果勒、吉雅其、哈音等巴尔肯是本族原有的，敖雷·巴尔肯、浩佟·巴尔肯、娘娘·巴尔肯等是后来从外部传进来的。”①

这种说法需要进一步考察。整个总结中神灵的分类并没有一个明确标准和可靠依据，因此，本族原有的和后来从外部传进来的说法和定位可能还有待商榷。至于个别神灵的内涵介绍和功能定位可能还需要到民间信仰和萨满仪式活动中寻找答案。

二　达斡尔族普遍供奉的主要神灵类型

近十年来，笔者对当代达斡尔族萨满斯琴掛及其弟子沃菊芬等人和她们的仪式活动进行了长期跟踪调查和研究，对于很多信仰观念和仪式活动包括神灵问题进行了多次采访，并通过对萨满仪式活动的神歌进行翻译整理，对于达斡尔族供奉神灵的认识不断深化和扩展。就有关神灵问题，笔者对斯琴掛、沃菊芬萨满进行过多次采访，专题采访主要集中于 2009 年 6 月、2014 年 3 月、2014 年 5 月和 2018 年 9 月等时间段，其他有关仪式活动的采访中也涉及了有关神灵名称、结构、等级等问题。在达斡尔族萨满教研究领域，神灵信仰观念问题非常复杂，仅以具有代表性和重要的为例。

① 内蒙古自治区编辑组编《达斡尔族社会历史调查》，内蒙古人民出版社，1985，第 37 页。

斯琴掛萨满说，除了普遍供奉天神外，霍卓日·巴日肯、娘娘·巴日肯、敖雷·巴日肯、奴吉日·巴日肯这几位神灵，达斡尔族基本上每家每户都有，家家户户都供奉。在调查采访特别是参与式考察萨满仪式过程中，笔者发现达斡尔族的信仰观念与崇拜活动的确如此。[①] 除了斯琴掛萨满所说的上述5种主要类型的神灵，仪式活动中还出现一些达斡尔族供奉比较普遍的重要的神灵，比如，“怀玛日·巴日肯”本来是敖拉哈拉拉里浅供奉的重要神灵，在斯琴掛萨满和沃菊芬萨满的历次斡米南仪式上也都进行了献牲和供奉，而且在第三天上午的单元活动中专门祭祀此神，而有此神的哈拉莫昆人家供奉祖先神的时候也必须要杀牛献祭该神。2015年12月，笔者就参加了由斯琴掛萨满和沃菊芬萨满共同主持的莫力达瓦达斡尔族自治旗库如奇乡一个敖拉哈拉拉里浅人家祭祀祖先神同时献牛供奉“怀玛日·巴日肯”仪式；另外，火神“嘎里·巴日肯”对于达斡尔族也是非常重要的，同样在斡米南仪式上有一个环节和单元即第二天晚上专门祭祀火神，普通人家在腊月二十三那天也都以不同方式祭祀火神，祈求家庭兴旺；等等。[②]

再比如，“娘娘·巴日肯”。沃菊芬萨满说，“娘娘·巴日肯”多半是供“腾格日·娘娘”。海拉尔达斡尔群体都是单独供，莫力达瓦达斡尔即巴特恩群体原来就说供“腾格日·娘娘”，一起供6位娘娘神，就是6个“苏姆”，包括“西额·娘娘”、“乌其肯·娘娘”、“西额·博勒乌松”、“乌其肯·博勒乌松”、“奥米·娘娘”和“东娘娘”。她说“腾格日·娘娘”任何时候都是6个“苏姆”，一般人家都有。“乌西·娘娘”的话就不一样，有多有少，各家不同，因人而异。“乌西”就是家族里面立的。“乌西·娘娘”和“乌西·巴日肯”最复杂，都是把“横（死）的”立为“乌西”，而且家家不一样。“乌西”有各种各样的，特别复杂。[③]

关于山神，沃菊芬萨满说敖雷·巴日肯泛指山神，又大概分为西额·敖雷（大山神）和乌其肯·敖雷（小山神）。细分的话，山神种类还有很多，没有山的地方叫库莫·巴日肯（山坡之山神），另外还有海日斯·巴日肯（草地之山神）、哈德·巴日肯（山崖之山神），实际上都是敖雷·巴日肯；西额·敖雷又叫作胡比·敖雷·巴日肯（胡比山神）；还有多·巴日肯（野外的神）、

① 萨敏娜：《试论达斡尔族萨满教的神灵世界》，《世界宗教文化》2014年第5期，第64～68页。

② 萨敏娜：《达斡尔族萨满仪式调查研究》，博士学位论文，中央民族大学，2015。

③ 来自对沃菊芬萨满的采访，2014年5月。

噶地·巴日肯（外面的巴日肯，因放在房屋外面西北角而得名）、桑额勒·巴日肯（仓房的巴日肯，因放在仓房而得名）等，叫法不同，其实都是敖雷·巴日肯。而同样哈德·巴日肯，在莫力达瓦达斡尔族自治旗腾克乡一带就有拐勒·哈德·巴日肯（拐勒山崖的山神）、伊斯尔·哈德·巴日肯（伊斯尔山崖的山神）、其昂·哈德·巴日肯（其昂山崖的山神）等山崖之山神。①

可见，达斡尔族普遍信奉和崇拜的神灵非常多，非常复杂。

三 当代达斡尔族萨满仪式中的萨满神灵及其类型

本文以沃菊芬萨满的斡米南仪式为例，考察当代达斡尔族萨满仪式中出现的众多神灵，并据此进而梳理分析萨满神灵及其类型。2011 年 7 月 19 ~ 21 日，主祭萨满沃菊芬在师傅斯琴掛萨满领祭下举行了她的第二次斡米南仪式。按照传统，此次斡米南仪式为期三天，每天分为上午、下午和晚上三个单元，整个斡米南仪式共由九个单元组成，每一个单元里面都有诸多分属于主祭萨满沃菊芬和领祭萨满斯琴掛的“翁果日”降临。

达斡尔族信奉的神灵世界庞大，神秘而又非常复杂。“巴日肯”（/barkən/）、“翁果日”（/ʊŋgʊr/）是达斡尔族对神灵的称呼，它们都泛指神灵。一般来说，“巴日肯”是指静态的、形象的神灵，比如画像、偶像等；“翁果日”是指变化着的、活态的神灵，它们是对同一神灵不同状态的称呼，而并不是指不同的神灵。②

在上述三天的众多仪程中，领祭萨满带领主祭萨满、陪祭萨满及众多弟子不断击鼓唱祷，舞步简单，说唱结合，语调不同，衬词多样；唱祷内容包括献牲、请神、报告、聚福、洁净、祛病除灾等；神歌大致可以分为祷告神歌、请神神歌、神灵谕示神歌、送神神歌等。其中，萨满神灵附体状态下以“翁果日”名义所吟唱的内容占仪式全部神歌的绝大部分篇幅，是考察分析斡米南仪式的核心信仰观念和主要崇拜活动的基础和依据。仪式的总体安排、具体步骤，室内外神圣空间的布局装饰，斡米南仪式的传统礼仪，祖先神灵与助手神灵的来源经历，人们遭遇的种种磨难坎坷的应对破解之法等，都能够从萨满神歌的吟唱文本中寻求到答案。

达斡尔族信奉的神灵众多，按照不同方式划分，可以有不同种类。孟慧

① 来自对沃菊芬萨满的采访，2018 年 9 月。

② 萨敏娜：《试论达斡尔族萨满教的神灵世界》，《世界宗教文化》2014 年第 5 期，第 63 页。

英老师认为，“在精灵领域，我们主要面对的是两方面问题：一是人类，特别是萨满，与精灵的关系；二是对精灵的分类和等级演化的把握”。[①] 在萨满教学术研究领域，有许多关于神灵分属的词语，比如守护神、助手神等，属于萨满与其神灵的关系范畴；主神、副神等词语，则与一般意义的神灵等级相关。

在达斡尔族的信仰世界中，萨满神灵其实无外乎萨满的祖先神和已故萨满的魂灵与自然界的动植物精灵，特别是动物的精灵。从上述斡米南仪式所含诸“翁果日”看，主要有主祭萨满的祖先神（或其代表）、领祭萨满的祖先神（或其代表）、其他莫昆家族的祖先神（或其代表），主祭萨满家族的山神、蛇神、门神等，姻亲莫昆家族的娘娘神等，还有地域性敖包神、强大外来神，等等。依据最具代表性的萨满仪式斡米南仪式中达斡尔族萨满与其神灵的关系，笔者把达斡尔族萨满神灵划分为祖先神和助手神两大类。

（一）达斡尔族的神灵观

1. 达斡尔族的灵魂观

萨满教以“万物有灵”和“灵魂不死”为思想基础。正如吕大吉先生所说：“灵魂观念，在一切宗教观念中是最重要、最基本的观念之一。灵魂是寓于个体之中，赋予个体以生命力，并主宰其一切活动的超自然存在。”[②] 因此，研究萨满教，灵魂观念的探究是非常重要的。

灵魂，达斡尔语叫作“苏木斯”（/sums/）。达斡尔人认为每个人都有“苏木斯”，每个动物都有“苏木斯”，树木花草、山川湖泊也都有生命，动物经过多年修炼能够成为精灵，这就是达斡尔人的万物有灵观念。人在睡眠时灵魂能够离开肉体，经历的所见所闻就是睡眠中的梦境；当人死亡时灵魂便离开肉体到“伊日木汗”（/irmʊxan/，即阴间世界）等待转世再生；冤死者的灵魂因为尚未到期，故不能回到阴间世界，流浪人间，伺机作祟，加害于人。[③] 普通人的灵魂在其死后就永远离开肉体，转生或漫游。只有“雅德恩”（/jad’ ən/，萨满）[④] 的灵魂在其去世之后能够成为“巴日肯”，并在

---

① 孟慧英：《萨满教的精灵世界》，《民族艺术》1999 年第 2 期，第 75 页。

② 吕大吉：《宗教学通论新编》，中国社会科学出版社，1998，第 109 页。

③ 满都尔图：《达斡尔鄂温克蒙古（陈巴尔虎）鄂伦春萨满教调查》，吕大吉、何耀华总主编，满都尔图、周锡银、佟德富主编《中国各民族原始宗教资料集成　鄂伦春族卷·鄂温克族卷·赫哲族卷·达斡尔族卷·锡伯族卷·满族卷·蒙古族卷·藏族卷》，中国社会科学出版社，1999，第 298 页。

④ 雅德恩，达斡尔族对萨满的称谓，不论男女。

家族中寻找下一代继承者。

2. 达斡尔族的神灵观

达斡尔族信奉的神灵世界庞大，神秘、复杂、多样。“巴日肯”“翁果日”都是达斡尔族对神灵的称呼，它们都泛指神灵。一般来说，按照达斡尔族的信仰观念，“巴日肯”“翁果日”作为神灵，能够寄寓在神服、神器和画像、偶像中，也能随时离开，到处巡游。当萨满进入神灵附体状态时，人们说“翁果日”下来了、降临了；神灵附体状态结束后，人们说“翁果日”出去了、离开了。供在家里的叫作“巴日肯”，附体萨满的叫作“翁果日”。[①]“巴日肯”“翁果日”确切说是 Spirit，比如山神、水神、蛇神、娘娘神、祖先神都是 Spirits；而天神不叫“腾格日·巴日肯”，它只被称作“腾格日”，是 Heaven God，至高无上，创造并养育世间万物。

3. 达斡尔族的宇宙观

达斡尔族把世界分为上、中、下三界，上界是“德日·腾格日”（/dəːr təŋgər/），即圣洁的天堂，是天神和“恩奴日”（/ənnur/）（神仙）居住的地方；中界是“端讷·噶吉日”（/dʊan gaʤir/），即人间，是人类和动物、植物生活的地方；下界是“伊日木汗”，即阴间世界，是阎王和死人的灵魂所居之地。萨满的“翁果日”能够遨游于天堂和人间，需要的话也可以去下界追魂。从前，如果有人因横祸早亡，据说，神通广大的萨满能到阴间世界把他的灵魂领回来，还原其躯体。这种仪式叫作“苏木斯勒其贝”（/sumsləʧibe/）。过去小孩闹病，以为是其灵魂离开肉体到处游荡，便举行招魂仪式。[②]

可见，达斡尔族的宇宙观与其灵魂观和神灵观有关，而且源于万物有灵的信仰观念，其神灵观又与自然环境密切相关。所有的神灵都有自然环境背景或渊源，动物精灵本身就来自自然界。斡米南仪式中萨满“翁果日”降临后的“神灵自述”能够为我们提供非常充分的证明。

（二）祖先神

1. 传统核心信仰观念“霍卓日·巴日肯”

达斡尔人最尊贵、最重要的神灵就是祖先神，叫作“霍卓日·巴日

① 萨敏娜：《试论达斡尔族萨满教的神灵世界》，《世界宗教文化》2014 年第 5 期，第 64 页。

② 满都尔图：《达斡尔鄂温克蒙古（陈巴尔虎）鄂伦春萨满教调查》，吕大吉、何耀华总主编，满都尔图、周锡银、佟德富主编《中国各民族原始宗教资料集成 鄂伦春族卷·鄂温克族卷·赫哲族卷·达斡尔族卷·锡伯族卷·满族卷·蒙古族卷·藏族卷》，中国社会科学出版社，1999，第 299 页。

肯”（/xʊʤʊr barkən/）。“霍卓日”原意为根、根子，这里指根本、源头，是达斡尔族对血亲远祖祖先的称谓，后来指称一个莫昆的血亲祖先。正如日本学者大间知笃三所说，“达斡尔族神系中的最高神是腾格里（tengri）。但在他们信仰生活中起着现实的最强有力作用的是斡卓尔（即霍卓日）。莫昆信仰的中心对象是斡卓尔，莫昆·萨满信仰的中心对象也是斡卓尔”。[①]

他认为，现实中以广义和狭义两种形式来使用斡卓尔的概念。狭义的斡卓尔，在多数场合表示各自氏族的最初亚他堪即氏族的巫祖，并且有时也表示该巫祖所凭依的神灵。广义的斡卓尔并不仅限于氏族巫祖，可以用它来统称该巫系中的历代诸巫，有时也可以以此来表示其中特定的几个巫。[②] 这一点比较符合实际情况。他所说的狭义的和广义的都是“霍卓日”。但是，这个“霍卓日”后面必须加上“巴日肯”才更加确切、完整，叫作“霍卓日·巴日肯”，即祖先神、氏族祖先神、莫昆祖先神，否则就会把人和神混淆起来。其实，“霍卓日”一词本来是指称血亲远祖，而且最初是指称母系家族的祖先，后来逐步发展为指称父系家族的祖先。[③] 因此，血统上的氏族祖先是人，而不是神，归入家谱系列，由氏族长“莫昆达”（莫昆家族族长）组织祭祀；而所谓的巫统上的氏族祖先神，才是神，而不是人，应该叫作“霍卓日·巴日肯”，由“霍卓日·雅德恩”传承并代表其意志、为其举行供奉和祭祀活动，祈请保护全体氏族莫昆的福祉。

因此，笔者认为可以重新按照广义和狭义的概念来认识“霍卓日”，广义的“霍卓日”是氏族莫昆的所有血亲远祖，只是其中的部分血亲远祖去世后成为神，即成为狭义的“霍卓日”。为了区分开来，狭义的“霍卓日”后面需要加上“巴日肯”一词，即“霍卓日·巴日肯”。就是说，即使最初的萨满也是血亲远祖，还是停留在人的阶段，是家族成员，属于血统中人，在故去之后才成为神，成为祖先神。其后的历代萨满无不如此，他们生前是

---

① 〔日〕大间知笃三：《达斡尔族巫考——以海拉尔群体为主要对象》，辻雄二、色音编译，拿木吉拉校，《北方民族与萨满文化——中国东北民族的人类学调查》，中央民族大学出版社，1995，第63~64页。

② 〔日〕大间知笃三：《达斡尔族巫考——以海拉尔群体为主要对象》，辻雄二、色音编译，拿木吉拉校，《北方民族与萨满文化——中国东北民族的人类学调查》，中央民族大学出版社，1995，第59页。

③ 萨敏娜：《试论达斡尔族萨满教的神灵世界》，《世界宗教文化》2014年第5期，第64~65页。

通神的人，属广义的霍卓日之列，去世之后才成为神，进入狭义的霍卓日范围。因此，大间知笃三所说的“斡卓尔”，无论是广义的概念，还是狭义的概念，其实都是狭义的霍卓日，因为他们只是所有血亲远祖的一小部分而已。巫统人员是血统家族的一个特殊群体。过去，只有男人才能进入家谱，而女人不能，即使是女性“霍卓日·雅德恩”也不例外。

达斡尔族把萨满叫作“雅德恩”（/jad’ ən/），不论男女。按照所领神灵的不同，“雅德恩”分为“霍卓日·雅德恩”和一般“雅德恩”。“霍卓日·雅德恩”就是领本哈拉莫昆的祖先神为其主要神灵的莫昆·萨满（/məkun saman/），一般“雅德恩”是领外来神的萨满。除了“雅德恩”，达斡尔族的宗教活动者还有“斡托西”（/ʊtʊʃi/）、“巴格其”（/bagʧi/）、“巴日西”（/barʃ/）、“巴日耶浅（/baræʧen/）”等。①

2. 此次斡米南仪式中出现的祖先神

领祭萨满莫昆家族祖先“翁果日”“拉·萨满”“多恩浅·霍卓日·额头乌”“霍卓日·老姑太提”降临，其他哈拉莫昆祖先神“嘎胡查·爷爷”“梅森·太提”“敖拉哈拉·霍卓日·太提”降临。

主祭萨满莫昆家族祖先“翁果日”“贵·雅德恩”降临3次，“霍卓日·雅德恩”降临2次，其他哈拉莫昆祖先神“莫日登·太提”“登特科浅·霍卓日·巴日肯”降临1次。

如此众多的祖先神，来自鄂嫩哈拉、沃热哈拉、敖拉哈拉、莫日登哈拉、郭博勒哈拉、金肯哈拉等，实际上虽然都是祖先神，但是在斡米南仪式中扮演的角色是不同的，谁主祭主办斡米南谁家祖先神就是主位祖先神，所以在这诸多祖先神中，只有沃菊芬萨满的祖先神是主位祖先神，其他都是客位祖先神。当然，领祭萨满沃菊芬的师傅萨满斯琴掛的祖先神在客位神中最为特殊和尊贵。

沃菊芬萨满的祖先神代表上代萨满、她的爷爷“贵·雅德恩”首次降临时说：

一代又一代接续而来，沃热哈拉博荣凯亚（/uərə xal bəːruŋ kaja/）“贵·雅德恩”（/guj jad’ ən/）我来了。莫昆家族的人们都来了，我

① 内蒙古自治区编辑组编《达斡尔族社会历史调查》，内蒙古人民出版社，1985，第258、259、266页。

> 高兴。我的子子孙孙都来了，我高兴。孙子重孙的兄弟们都来了，我高兴。今天，我“竖立托若树”的时候，从千万个地方都来人了，我高兴。莫昆的人们来了，不是莫昆的、外姓氏的人们也来了，我高兴。今天，鄂嫩哈拉的“萨满·爷爷”（/saman jeje/）和沃热哈拉的“霍卓日”（/xʊʤʊr/）一起“托若·托里”（/tʊrʊː tʊli/，竖立托若树）“斡米纳贝”（/ʊminabe/）。村里（指莫昆）的孩子们，都把你们的不好丢掉，你们的道路都会变好。……①

从这段话可以看出，主祭萨满沃菊芬的祖先神的主位和领祭萨满斯琴掛的祖先神的特殊地位。

（三）助手神

1. 祖先神的追随者——助手神

对于一位“霍卓日·雅德恩”（莫昆·萨满）而言，除了“霍卓日·巴日肯”（莫昆祖先神），他（她）供奉的其他神灵都属于萨满的助手神，或者说是祖先神的助手神。一般莫昆·萨满都有一两位祖先神作为他的主要守护神，还有数量众多的助手神。助手神最初也都是外来的神灵，世代跟随祖先神，与祖先神共同接受萨满及其莫昆家族的供奉，提供保护与帮助，逐渐成为莫昆家族的重要守护神。一般认为，祖先神越强大，萨满的法力越高强；助手神越多，萨满的本领也越大。

萨满信仰及仪式活动中，祖先神为核心，助手神跟随，通常的表述是“跟着……走”。此次斡米南仪式中，沃菊芬翁果日“西额·敖雷”（大山神）降临时说：

> 我代代跟着沃热哈拉博荣浅行走，一代接一代我来了，沃热哈拉的孙子们都来了，我高兴。我是沃热哈拉的“西额·敖雷”（大山神），我领着“乌其肯·敖雷”（小山神）行走呢。孙子重孙们都来了，我高兴。我的民族同胞都来了，我高兴。从外面来的也下来了，我高兴。说我的地方好，到了我的地方，让自己的神灵下来，我高兴。你们要让我们的神灵好好坐下来，为国家出力，帮助民族同胞，约束“莫昆·库

① 萨敏娜：《达斡尔族萨满仪式调查研究》，中央民族大学出版社，2015，第28页。

热”（莫昆圈）。……①

2. 此次斡米南仪式中出现的助手神

领祭萨满助手神“安门·敖包·额金”“怀玛日·巴日肯”降临。

主祭萨满助手神“沃热哈拉·西额·敖雷”降临2次，“拐勒哈德·额金”“沃热哈拉·奴吉日·巴日肯”“杜卡·巴日肯”“敖拉哈拉·乌西·娘娘”“托库润敖拉·多罗岱讷乌音”“达其·尼日耶敖包·额金”降临1次。

萨满祖先神的助手神有多有少，有跟了很久的，也有新加入的。在达斡尔族萨满信仰传统中，女子嫁到外姓后如果“出·萨满”，她不仅要供奉自己莫昆家族的“巴日肯”，还要供奉夫家的“巴日肯”。比如，上述的“敖拉哈拉·乌西·娘娘”本来自在，属于敖拉哈拉拉里浅，由该姓氏莫昆供奉，来自沃菊芬萨满的夫家，因为姻亲关系进入沃菊芬萨满的供奉序列，成为沃热哈拉绰库勒莫昆的第九代莫昆·萨满沃菊芬萨满的重要助手神之一。

结　　语

达斡尔族萨满教的神灵观属于典型万物有灵论，从萨满仪式盛典斡米南仪式及其神歌文本分析来看，萨满神灵实际上就是两大类，即萨满的祖先神和助手神。祖先神是最为重要、最为尊贵的，助手神也非常重要，祖先神及其助手神组成强大的团队，萨满才能履行莫昆赋予的守护、凝聚整个莫昆家族乃至民族的责任。此外，从此次斡米南仪式中，我们发现达斡尔族的萨满神灵还具有很多特点，比如，有神灵寄寓神服、画像、偶像之中并能乘坐铜铃、神鼓在空中飞行的观念；又比如，萨满与其神灵互为导师，不仅神灵选择宿主“额金”“抓萨满”，萨满也能教导或影响其所领神灵向好或者学坏。达斡尔族萨满教的灵魂观和神灵观与其宇宙观、自然观密切相关，不仅祖先神与自然环境密不可分，助手神更加拥有天然的自然环境背景和渊源；不仅如此，达斡尔族的神灵观还直接影响了他们的生态观，具有较强的自然环境保护意识。

① 萨敏娜：《达斡尔族萨满仪式调查研究》，中央民族大学出版社，2015，第49页。

A Typological Analysis of Shaman Spirits Among the Daur People

—*the Example of the Ominaan Ritual and Its Spiritual Song Texts*

Sa Minna

Abstract: At first, the article introduces the more than ten spirits and deities worshipped by Daur people. It is based on some researches on Daur shamanism undertaken in the 1950s as well as on interviews with alive Daur master shamans. The article also introduces the main types of deities worshipped by Daur people and the spirit complex. In addition, a Daur shaman ceremony, the Ominaan ritual and its spiritual texts are taken as an example to reveal Daur people's concepts of soul and spirit and their cosmology. Accordingly, the author divides the Daur deities into two categories: the ancestral gods and helping spirits.

Keywords: Daur; Ominaan Ritual; Shamanic Deities and Spirits; Ancestral Gods; Helping Spirits

神居之所：兼论达斡尔人的信仰体系、时空观念

孟盛彬

摘要：宗教信仰是族群文化的重要组成部分，其中包含的宇宙灵魂观念、神灵体系、建筑空间与祭祀方位、自然与身体关系等至关重要。在这些范畴中，可以看到达斡尔人基本日常生活的秩序和神圣世界的关联。

关键词：萨满教　神灵体系　时空观念

作者简介：孟盛彬，云南民族大学社会学院副教授，主要研究方向为达斡尔人文化。

就民族学、人类学研究对象而言，传统宗教的实践与仪式研究是其最基本的内容，任何一个族群的宗教信仰都深刻地影响着每个成员的价值取向、情感好恶、人际交往和日常生活。面对网络新媒体的迅速崛起，长期进行田野调查的人类学家认为："土著文化不容易得到尊重，而且很容易消失，因为在国家权力与民族政治面前，它是如此的脆弱。"① 人类学家阎云翔则认为："没有了传统宗族体制与宗教信念和仪式的支持的个人往往表现出一种极端功利化的自我中心取向，公共生活的衰退更为明显，个人在公共领域也表现得更加自私。"② 因此重新发现传统宗教的意义，或许在一定程度上能

① 〔美〕约翰·博德利：《发展的受害者》，何小荣等译，北京大学出版社，2011，第120页。

② 〔美〕阎云翔：《私人生活的变革：一个中国村庄里的爱情、家庭与亲密关系（1949～1999）》，龚小夏译，上海书店出版社，2006，第5～6页。

够弥合商品扩张、工业化、现代化发展带来的物质至上、工具理性、信仰缺失等现代社会发展所造成的弊病，为解决当下社会问题提供某种经验与启示。

一 宇宙观与灵魂观

进入古老神祇的历史和现实深处，撩开包裹宗教的神秘帷幕，能够发现神灵也具有人情世故和“与时俱进”的品格，在神圣与世俗之间消解、构建的过程中，“神灵”本身也在发生变化。按照达斡尔人灵魂不灭的观念，各种灵魂都有固定的归宿和活动场域，它们拥有超自然的力量。过世之人的魂魄可以分为三种类型：第一，生前积德行善成为“神”的灵魂，本质上是作为更高级和更完美的灵魂而接受祭拜，人们为它们设置神位，经常性地举行祭祀活动。第二，后代供养的祖先灵魂，需要在特定时节通过献祭来进行悼念活动。第三，冤魂变成的厉鬼，进入或依附在某家某人身体之时，则会罹生各种疾病或灾祸。人们意识当中善灵可以护佑家人平安幸福，满足人们的各种祈求，它们居住在上界，定期地接受人们的祭拜；恶灵、冤魂则居住于下界，或者成为孤魂野鬼四处游荡，带给人类无穷的灾难和疫病。

达斡尔人宗教观念的基本范畴，认为宇宙有三界：上界即天空，为神灵所在的世界；中界系人类生活的人间世界；下界为阴魂、鬼怪所居的阴间世界，达斡尔人称为“伊日木汗”。人类居住其间可以沟通连接前生今世，获得相应的安全感和确定性，同时受其约束和管制。萨满则主要承担沟通人、鬼、神的任务。这些信仰体系构成了达斡尔人宗教观乃至人生观的核心基础。

“如果人们体验到了万物是一个彼此相连的整体，而本质和精髓的存在并不依赖于物质的形式、时间和空间，他们在日常生活中就能更深入、独立地生活。……美国西南部印第安部落的纳瓦霍人也了解这种联系与和谐感，他们称之为‘Hozho’（和谐、融洽）。当 Hozho 统治世界的时候，一切都是有序的，人能够幸福安康地生活。如果背离 Hozho，世界上会产生疾病和丑恶。根据他们的观点，我们也能重建这种失散的和谐与联系。”① 达斡尔族萨满举行的最重要的“斡米南”仪式的空间设置，则会帮助我们进一步理

① 〔德〕洛蕾利斯·辛格霍夫：《我们为什么需要仪式：心灵的意义、力量和支撑》，刘永强译，中国人民大学出版社，2009，第 170 页。

解神、鬼与人相连接的仪式性情境。在该仪式布展之初，首先要选择两棵枝叶茂盛的白桦树，并列立在主祭蒙古包中央，间距半米左右，树冠则需探出蒙古包顶部，称为“格里·托若”（即室内神树）。两棵神树之间自下而上拴上三截横木，并挂有祖神像、萨满面具以及各色彩带、哈达等象征吉祥和祈福之物。其次，在距离主祭蒙古包正前约二十步的地方，竖立捆绑在一起的带根部的桦树，被称为“博迪·托若”（即室外树神）。在“博迪·托若”上挂有“托若”神像、祖神像和“腾格里”像。神树之间用各色彩绳连接在一起，则是众神灵出入之所，也是神灵与萨满沟通的重要桥梁。其中的三根横木，寓意是宇宙分为上、中、下三界，由神树把“三界”联系在一起，萨满通过“托若”和神灵取得联系。彩绳“栓那”被认为是神灵出入内外的路径。举行仪式的三天当中，还要在黑夜供祭无法进入神圣空间的外鬼，祭品为黑山羊。

二　神灵体系及其位置

达斡尔人观念世界中充斥着林林总总的鬼怪神灵，认为人类社会与自然界出现的各种现象和问题均为神鬼显示力量的结果。因此，神灵鬼怪也被赋予了人格化的特性，有自己专属的名讳及统辖区域、势力范围。其种类庞杂繁多，甚至连萨满都讲不太清楚。传统社会的个体与家庭，都要与神灵建立关系，诸多神灵被想象成经过组织化的、系统化的防护体系，家庭、院落与外界、村体、郊野形成界限分明的立体区域。“达斡尔族部落村庄的进出口，每年都插鸡翅膀，叫作‘托贴木’的习惯。为了防止人畜的流行病疫入侵部落，作为献给神的供品杀十几只鸡，将鸡毛、翅膀拴在进出的路口的树木或木杆上。据说这样做，神就不把流行病灾散发给这个部落里。”① 这个案例说明在一个文化体系中存在着多种划分边界的空间设置和规则，无形的神圣地理与客观的自然地理并存，传统社会中的神圣地理因为加入了神灵的因素而被广泛采纳和接受，由此确定了日常生活的界限和范围。

依靠这些神灵，氏族成员紧密地联系在一起。甚至出嫁的妇女也可将氏族神灵带到夫家，使她在精神层面上还同娘家保持着一定的联系。笔者采访鄂温克族自治旗巴彦塔拉乡鄂老二萨满期间，其介绍：“达斡尔人供奉的

① 〔日〕池尻登：《达斡尔族》，奥登挂译，内蒙古自治区达斡尔历史语言文学学会编印，1982。

‘玛罗·巴日肯’就属于外来神，是姑娘出嫁的时候从娘家跟来的神。这个神灵是刻在木头上的，不是画的。齐齐哈尔地区又叫‘瓦兰·巴日肯’。这个神灵结构比较复杂，一共由366个神偶组成。”各地供奉的神灵并不互相排斥，面对各种选择，人们有时求助于数个乃至于所有的神祇。每位信徒都围绕保护自己的神祇付出努力，神灵展示出的力量也能够为氏族和信众带来荣誉，因此受到他们的精心呵护和敬仰。

当代达斡尔萨满斯琴掛介绍：“在达斡尔族神系中的最高神是天神和雷神，领其神灵的萨满神力最强。”按照一般性的心理反应，“腾格里”因为距离而使人难以企及，面对高深莫测的天体，生发出庄严的神圣感应是人类心理的必然反应。达斡尔语中“腾格里”，一般情况下只用来指代物质的具有自然属性的天空，只有在特殊的宗教实践或仪式过程中，才用来指代信仰意义上的“天神”。达斡尔族祭天仪式中没有具体的偶像，出于祭祀的需要临时搭设祭坛，一般是设在室外。天神也不会下凡附体，因此，祭祀的主持者除了萨满法师外，熟稔祭祀唱词的长者或者其他的神职人员也能胜任祭司一职，主持整个仪式。除了每年一次最隆重的祭祀之外，天神“腾格里”已经渐渐撤离日常生活，留下的神圣职能逐渐被其他的神格占据，生活中的普通人更愿意相信祖先神灵的保佑，并对各类职能神寄予期望，认为只有这些神祇才能解决切身实际问题。只有面对重大灾祸，家族供奉的神祇不再灵验之时，人们才会求助于天神。

达斡尔族祭天有公共祭祀和家庭祭祀之分。春节期间要祭拜天神，属于家庭内部最庄严、隆重的祭祀。20世纪50年代，国内民族学家在达斡尔族聚居区的调查情况显示：“有钱的人从腊月三十的晚上起，每晚都给天神烧香，一直到二月初二为止。家境困难的在腊月三十到正月初三，正月十四至十六，二月初一至初二的每天晚上烧，过了二月初二，就不再给天神烧香了，但临时遇到天灾瘟疫时还要向天烧香的。另外，除腊月三十和正月初一在烧香时给天神磕头外，其余的日子只烧香不磕头。祭天时，院内放一张条桌，放一个香炉，炉内燃三枝香。给天神烧香，一方面是感激它一年来的保佑；一方面也是为未来的一年祈福。”① 全氏族的祭天仪式一般要三年举行一次，如遇特殊情况，涉及氏族整体利益之际，如瘟疫流行、久旱不雨等，可

① 林耀华、王辅仁、阿勇绰克图：《达呼尔氏族、亲属和风俗习惯的调查报告》，中央民族学院研究部编《中国民族问题研究集刊》（第1辑），1955，第86页。

由族长召集全氏族会议，举行临时的祭天典礼。祭天典礼非常隆重，一般要持续好几天。听到跳神会的消息，附近村落的人都会赶来观看，场面壮观。

“敖雷”在达斡尔语中意为“山林”“山岭”，“敖雷·巴日肯”直译过来即为“山神”，系因该神的原型动物狐狸或鼬鼠栖居的山岭而得名。但与掌管山林的“白那查”神又不尽相同，二者形象与职能区别很大。因此，“敖雷·巴日肯”在具体语境中又含有外来的、外界的、野外的神灵等附加之义。达斡尔人一般将此神供祭在居室以外的仓房，或另设小庙单独供奉。笔者在田野调研过程中，曾询问过一位达斡尔族“巴尔西”①：为什么敖雷·巴日肯不能放在室内？巴尔西答道：敖雷·巴日肯是动物神，不能与人同居一室。屋里的都是人格化的神灵，敖雷·巴日肯则是外来的神灵，不归入固有的神灵系统之中。

达斡尔人不分莫昆和哈拉，几乎家家供奉“吉雅其·巴日肯”。它的偶像是用白布剪成的人形，一男一女，贴在蓝色或黄色的布上，供在房外。有好马时，给它乘骑“温古”马（意为吉雅其神骑用的马）。女人不得乘骑“温古”马。海拉尔地区的“吉雅其·带拉勒”和布特哈地区的“吉雅其·巴日肯”是同一种神，当地也叫作“专”。其偶像是在蓝布上贴两个金箔纸偶像，一男一女，装在木匣里，挂在南房檐下，是专司人畜两旺的神，用白色牡马做它的“温古”。

社会取象于大自然，达斡尔人的宗教意识中已经产生了有生命体和无生命体在观念上的区别。如天神以及各类自然神都没有具体的偶像和神位，它们虽然也深受敬重，但在人们心目中并不占有很重要的位置，因此它们对人们的生活影响较小。因为对自然界的反复无常和多变已经习以为常，现实生活中几乎感受不到它们的力量，也不能为人们带来更多的切实利益。人们对待有生命的、活动着的动物神、祖先神才会产生严格意义上的崇敬和畏惧。因此，由凡间升入神界的动物神和祖先神才与现实生活联系紧密，对人具有一种深刻而强制性的制约与束缚。

三　建筑空间与祭祀方位

中国古训“日出而作，日落而息”表达了农耕民族对来自远古智慧的

① 巴尔西，达斡尔语，神职人员中级别较低的一种，没有神服、法器，也不能请神下凡附体。只能看一些小病，有抓骨和接骨等能力。

崇敬。当太阳从东方冉冉升起，大地恢复光明，万物由此充满生机与活力。光明崇拜与方位的感受性，是萨满教产生的深层动力，也是人类智慧的两种最根本的和根深蒂固的表现形式。许多学者认为昼与夜、光明与黑暗之区别的见解，是人类思维能力的最早推动力和最终归宿，萨满教亦是如此。

语言本身揭示了民族、空间和时间之间具有密切的联系。达斡尔人最早的时空观念与自然体系有深刻的关联，太阳升起与落下的位置构成了达斡尔语中的两个基本方位。达斡尔人以“纳日嘎日韦贝”（日出之处）表示东方，以“纳日弯怒韦”（日落之处）表示西方，就是采取太阳的运行轨迹作为方位的基准。在人们的意识观念之中，作为生命体的太阳也被赋予人格化的特征，具备了出生、衰亡的性格。祈祷和举行仪式时，人们总是很自然地注视着所有生命的来源——太阳升起的地方，身体各部位也就有了它们自己基本的空间方位：身后是西方，右侧是南方，左侧是北方。以东西纵横的空间感来定位自身在宇宙中的坐标，成为建造房屋等生存活动的基本标准。达斡尔族的房屋安排，按照自古以来的习惯规定，居室以西为贵，西屋为家庭主人和主要成员的所在，长者住西屋南炕，居室西墙上供祭神灵。这是由非常古老的人类经验衍生而来的建筑模式，古代的游牧民族的帐庐大多为东向设门，家中尊者坐卧必在帐庐最深处，见客人坐西面东应为必然。神祇也是悬挂在西墙之上，接受人们的祭拜。《辽史》中有这样的记载：“辽俗东向而尚左，御帐东向，遥辇九帐南向，皇族三父帐北向。东西为经，南北为纬，故谓御营为横帐云。”这说明古代契丹人也是以西为贵，帝王坐于御帐中，面东背西接受群臣的朝觐。

对故去的先人，达斡尔人依照葬俗要将陪葬品、棺木一起埋入地下，入土为安。除了知道有天覆盖着大地，达斡尔人无疑也意识到了天地之外还有下界的存在。死亡与诞生是人类生活的两个重要内容，达斡尔语中将杰出人物的离世称为“霍都尼弯讷”（Huodouniwannen），意为“星辰陨落”，这里姑且不论其是否受到中国古代占星术的影响，但以日月星辰出没来类比解释人的诞生和死亡，确实给我们很大的启示。日月星辰的起落明暗等天体变化在此与世道人生发生了对应的联系，由此推衍发展出西方与一系列的主题相关联的主题——黑暗、归宿和神秘，还有死后魂灵的去向。与此相对的是东方隐喻的主题——起点、光明、白色、生机、活力以及生命本身，这些主题构成了民族分类系统的重要组成部分。对应性思维和原始分类不仅是用于理解和组织自然界及人类社会的方法，也帮助人去了解人类普遍知识之外的隐含着的各种关系，是一种控制宇宙的手段。

作为日月出入之所的西方与生命归宿、灵魂不灭等观念发生了联系，西方是祖先灵魂居所和出入天庭的门径，也是神灵往来人间的所在。相传天的入口门户在西北方向，升到天上的人必须由此进入。这一宇宙说不由让人想起《淮南子·天文训》中说到天体倾斜的故事。昔者共工与颛顼争为帝，怒而触不周之山。天柱折，地维绝。天倾西北，故日月星辰移焉……不周山为古代传说中的山名，最早见于《山海经·大荒西经》："西北海之外，大荒之隅，有山而不合，名曰不周。"相传不周山是人界唯一能够到达天界的路径，但不周山终年寒冷，长年飘雪，非凡夫俗子能徒步到达。伊利亚德关于古代宗教仪式里的中心象征说很有启发，其中就包括相信一座神圣之山位于世界中心的信仰，这座神圣之山是创造世界的地点，也是天堂与地界的会合处。这座大山是世界的轴心，所有的庙宇宫殿，以及城市和帝王居所都是这个轴心的象征物。这些地方被视为天堂、地界、地狱会合的地方。

传统经验说明，建筑空间仍然具有展示和教化的作用。通常达斡尔人的房屋居室中将神龛放置在室内最高处，郑重其事地包裹好，在祭祀之时怀着虔诚之心缓慢移动。孟希舜先生在《达斡尔族志略》中记载："达斡尔族之独尊无二之家神，曰家天。祭时，在住室之西北炕角，设桌焚香，同族咸集助祭，将熟肉置于大盘，荐于神前。家主叩首祈祷供毕，设席与同族人食肉。食毕，集众送神，将喉骨串于杆，并在该杆上绑好放进草把中的小片肉及蹄尾等，插立于大门之侧，众各散回。""正房的西屋供神，有趣的是神的房间里安放的位置也有规定。祖神在东南墙角上方，天神在西北墙角上方，财神在西南墙角上方，娘娘神在西墙的正面上方。"苏联学者在考察达斡尔族生活在黑龙江（阿穆尔河）流域时期的城堡遗址时发现："达斡尔型的城址是八百至一千二百平方米的四方形场地，四周环以土墙和壕沟（常常是两层，有时甚至有三层），有构造奥妙的入口，大多在南面，很少在东面。广场四角耸立着旧的小塔楼的座基，其中西北角的塔楼通常要比其他的大，并且总是向前突出。"在中国，"城"的一般概念被认为是呈四边形或矩形。一种解释就强调其源自"天圆地方"之说，以此说明"天人相关"的道理。历史遗迹或许昭示着达斡尔人的建筑模式深受中国文化的影响，或许也是达斡尔人对神灵世界即上界刻意仿效的结果。

达斡尔族设置神位和建造城堡的空间方位理念，突出强调了西北方向的重要性。按照宗教信众的理解，西方为灵魂归宿和通往天界的门户，属于神圣之所，具有非比寻常的象征意义。传统社会的压力主要来自社会外部，如气候环境恶劣、传染性疾病和异族入侵、食物短缺等。从地理区划、自然生态环境进行分析，古代达斡尔人生活的区域——西伯利亚和黑龙江流域为季风性气候，来自大陆和海洋的风向随季节转换。冬季漫长，西伯利亚来的寒冷气流，伴有强霜或降雪。蒙古—西伯利亚是北半球冬季最寒冷的地方，大气冷却收缩下沉，形成北半球最强且覆盖面最广的高压。当季节变换，冬季西伯利亚寒风肆虐之时，达斡尔人生活的地区气温会降至零下40℃左右，大地被厚厚的积雪覆盖，凝冻的空气会让人产生窒息的感觉。此时，人们减少户外活动，牲畜的生存也受到来自自然的严重威胁，这是人们一年当中最难熬的时节。面对大自然展示的巨大威力，人们产生拟人化的感知则不足为奇，臆测严酷环境乃是神明干预的结果，季节的更替交换取决于神明的主宰，遂生发出通过敬拜、祈求避免伤害的心理。古代思维往往会突出一个整体性的观念，将宇宙空间视为一个巨大的整体，整体中有存在层次、轴心及其主宰之神，万物之间存在着密切的关联。在这样的空间概念和宇宙模型里，凛冽刺骨的西北风被认为是天幕张开之时自上界刮来的天风，天幕掀开缝隙之际，正是神灵下界与人类登上天庭之时，是人神交会的重要渠道。

四　宇宙与身体的对应

达斡尔人的认知观念中，自然和人类世界具有某种对应关系。达斡尔人根据这一套认知系统编制出了宇宙三界的秩序和规则，来维护人间社会的安全和稳定，靠着天界的各种自然现象的解释来指导人类的行为和思想。这样的宇宙形体论，也可以拿来对人体之形进行类比解释。“醒来或者直立的时候，人类统治着自己的世界，空间是按照自己的肉体结构组织起来的。”① 东北地区有的氏族、家族内，依据萨满教的三界观念，将祖先神塑造成三界通体的大神，每一界都有代表的名称和形象，进而组成一种立体结构的祖先神图。

① 〔美〕段义孚：《空间与地方：经验的视角》，王志标译，中国人民大学出版社，2017，第28页。

据说达斡尔族的祖先神多为被雷击而死者的冤魂，但并不是每个被雷击死者都能被供为本莫昆的祖神，只有在冬季被雷击死者的灵魂才能当本莫昆的祖神。被雷击死的莫昆祖神的肉体，变成三种不同名称的神：上部变成“亨格尔·达列勒·博尔绰库尔”，中部变为“霍卓尔·克亦登”，下部变成“霍卓尔·多勒布尔”，都是祖神的组成部分。在这样的分类体系中，人体头部对应的成为天界，是身体中最神圣的部分，是人类灵魂的主要寄居之所。日常生活中头部也具有某种神圣的属性，绝不允许随意跨越和拍打。宗教献牲之际，贡献首级就能代表整体，按照互渗的思维模式，由此帽子也具有神圣属性，成为人格和尊严的象征。肩头至腹部则代表中界，腰带以下对应的是下界，往往与可怕和阴暗等不洁净的事物相关联，由此生发出人间世俗的各类禁忌习俗。这些观念的产生和发展，可以对照萨满神帽和双肩上镶嵌装饰着飞鸟象征着上界。作法过程中，萨满戴上神帽则代表下凡的神明，而不是日常生活中的萨满本人。坎肩和腹部、腰部、后臀部绣有花草鸟兽，对应的是人间社会与自然界。

结　　语

唤醒古代智慧的积极因素对人类社会的延续至关重要，各历史时期的各类神祇是社区生活的一个重要组成部分。涂尔干认为这些神祇的形式准确地表现了其结构的细节。神祇奖惩的力量正是代表着社区的力量。古人用这种结构关系去安排世界，并给这个居身之所建立秩序，采用这个分类法，人和动物或者其他自然物体之间建构出一种有机组合的关系，包括人与大自然、动植物以及彼此内心之间的联系。上下、左右、前后各个方位均有神灵护佑，在这样的一个系统中，萨满对各种分类知识加以控制和使用，以发挥其实际效用。此种系统正是达斡尔族社会结构的基础，诸神体系都被归类于这个形式的系统中，为上面描述的人与大自然、动植物神灵的关系结构提供了理论基础。

达斡尔族的萨满教信仰的神灵体系，大致可以分为以下三个主要范畴：大自然、动植物、祖先。它们对应着达斡尔人对自然、生存物质和自身的认知，也是其连接空间与时间的象征性符号。在这些范畴中，我们可以看到达斡尔人基本日常生活的秩序和神圣世界的关联，他们在自身创造的神秘世界中获得生存和发展的精神动力。

Where the Divinities Lives: Concurrently Discussing the Daur's Belief System and Concept of Time and Space

Meng Shengbin

Abstract: Religious belief is an important part of ethnic culture, which contains the concept of cosmic soul, divine system, architectural space and sacrifice orientation, and the relationship between nature and body. In these categories, we can see the connection between the order of the Daur's basic daily life and the divine world.

Keywords: Shamanism; Divine System; Concept of Time and Space

奥罗奇人反映在“地图”上的关于宇宙、灵魂迁移和萨满旅行的观念*

B. A. 阿夫罗林　И. И. 科兹明斯基　记录

（张松　时妍 译）

摘要：奥罗奇人萨满认为，亚欧大陆是一只八条腿的无角驼鹿，大陆东面的库页岛是一条鲑鱼。人死后，灵魂前往冥界。萨满的灵魂要经受极为严酷的考验，才能最终成为一名大萨满。

关键词：奥罗奇人　萨满旅行　世界观

译者简介：张松，黑龙江省社会科学院民族研究所副研究员，主要从事北方少数民族语言文字及内陆亚洲研究。时妍，黑龙江省社会科学院民族研究所副研究员，主要从事北方少数民族语言文字及内陆亚洲研究。

译者按：文章第一部分系译者根据几种俄文资料译编而成，第二部分方为原文。原文记录于 1929 年，1949 年发表于《苏联科学院人种志学和民族志学博物馆集刊》第 11 卷。这是一篇触及萨满教最核心内容的不可多得的文献，读来引人入胜。

一　阿夫罗林的生平和学术

瓦连京·亚历山德罗维奇·阿夫罗林（Валентин Александрович

* 本文为国家社科基金一般项目“满－通古斯语族诸民族萨满教研究”（项目编号：19BMZ110）阶段性成果。

Аврорин）是苏联成就卓著的满－通古斯语言学家、远东民族学家。1907年12月23日出生于坦波夫。毕业于列宁格勒国立大学地理系民族学分部。1927年，还是大学生的他第一次同苏联科学院人种志学和民族志学博物馆的科研人员科兹明斯基一起前往黑龙江下游地区考察奥罗奇人。在伯力（哈巴罗夫斯克），他们遇到了著名旅行家和作家阿尔谢尼耶夫。1929年夏天和秋天，阿夫罗林在科兹明斯基的领导下，在奥罗奇人聚居地区工作了半年，收集民族志学和语言学资料，记录了多篇奥罗奇语文本。

1933～1934年，阿夫罗林遵照边疆执行委员会主席团所属北方民族部领导的新字母委员会的任务工作。1935年，他成为列宁格勒北方民族学院科学研究协会的研究生，受教于著名满－通古斯语言学家钦奇乌斯。该学院（存在于1930～1941年）在苏联北方诸民族语言的研究及文字的创制、应用人员的培养上都发挥了特殊作用。

1941年5～6月，阿夫罗林在哈巴罗夫斯克边疆区共青城区比丘村调查那乃语。比丘村那乃人所说方言被称为加林方言，加林那乃人在专业文献中有时被称为萨马吉尔人，是指他们起源于埃文基人的萨马吉尔部落。同其他那乃方言相比较，加林那乃人的方言与埃文基语更加相似。调查工作由于战争的爆发而中断。他和家人艰难地离开被围困的列宁格勒来到伯力。在卫国战争期间，阿夫罗林和他的妻子、同是北方学家的列别杰娃先在伯力工作，然后来到庙街（阿穆尔河畔尼古拉耶夫斯克），在那里，阿夫罗林担任了一段时间的北方民族师范学校校长。1943年，他又对师范学校的那乃学生进行了那乃语的记录，以补充1941年未完成的调查。1945年，全家返回列宁格勒。

1946年，阿夫罗林通过了题目为《那乃语的直接补语》的副博士论文答辩。1948年出版《那乃语句法学纲要》。同年，在哈巴罗夫斯克边疆区那乃区奈欣村调查那乃语。该村在阿穆尔那乃人的村落中处于中心位置，奈欣方言是那乃各方言中分布最广的方言，是制定那乃文字的基础方言。在调查中，他还注意到了民间文学体裁的分类及每种体裁的传播特点。1955年通过了题目为《那乃语语法》的博士论文答辩。

1955～1961年，阿夫罗林主持苏联科学院语言学研究所列宁格勒分所的工作。1956年，发表《那乃语和其他通古斯－满语中的物主谓语形式》（《语言学问题》，1956年第3期）。1957年出版《那乃语语音和正字法的基本规则》。1959年5月20日～8月12日，阿夫罗林和列别杰娃作为苏联科学院语言学研究所阿穆尔语言学考察队奥罗奇分队的成员，在奥罗奇人的主要居民点工作，奥罗奇女教师特克塔蒙卡作为实验员参与了考察队的大部分工作，帮助记录、翻译和文本的核对。在当地工作期间，阿夫罗林用音标记录了850页文本并将其译为俄语，对部分文本同时还做了录音，存有数千米长录音带。此外，阿夫罗林还记录了奥罗奇语语法、词语（约4000张词语卡片）、民族志学（主要是宗教观念和氏族习俗）等方面的内容，并对1929年记录的部分文本资料做了仔细的检查。当时，一些上了年纪的奥罗奇人对1929年的考察还留有记忆。1959年、1961年，出版二卷本《那乃语语法》。

1961年10月，阿夫罗林应苏联科学院西伯利亚分院主席团的邀请，前往新西伯利亚科学城。在那里，他最初在经济和工业生产组织研究所建立人文学研究室，然后建立他所领导的语文学研究室。1962年，根据他的倡议，新西伯利亚国立大学设立了人文学系，开始培养俄语、西伯利亚各世居民族语（突厥语、满－通古斯语、乌戈尔语、萨莫耶德语）以及考古学、民族学、历史学、经济学方面的专家。1964年，他当选苏联科学院通讯院士。1966年出版《奥罗奇人的故事和神话》（与列别杰娃合作）。

1968年，阿夫罗林被迫离开新西伯利亚返回列宁格勒。在这里，他作为苏联科学院语言学研究所的一级研究员一直工作到生命的尽头。1977年2月26日他在列宁格勒逝世，享年不足70岁。1978年，遗作《奥罗奇语文本和词典》（与列别杰娃合作）出版；1981年，《乌尔奇语文本：语法和民族志学研究资料》发表（收入《西伯利亚诸语言静词词法学》）；1986年，《那乃人的语言和民间文学资料》出版；2000年，《满语书面语语法》出版。他的每一部著作在写作上都真正具有精密、合乎逻辑的特点，并且表达方式异常明晰、文雅。

二　奥罗奇人反映在“地图”上的关于宇宙、灵魂迁移和萨满旅行的观念

博戈拉兹（В. Г. Богораз）[①] 教授不止一次地表示，希望在民族学考察期间，所有的人只要有可能，除了抽象的宗教观念外，在适当的情况下，还要获取其在纸上的图画反映。遵照这个愿望，我们提请读者注意奥罗奇人在

① 博戈拉兹（1865～1936），俄苏民族学家，曾被流放西伯利亚。著有《楚克奇人》（1～3卷）。——译者注

1929 年秋完成的一幅宇宙“地图”。

在哈季河（Хади）工作期间，我们不得不参加一个奥罗奇男孩的葬礼。整个过程是由他的奶奶完成的，她是当地奥罗奇人中相当有名的声望卓著的女萨满。与记录安葬过程相关联，我们产生了把奥罗奇人关于亡魂旅行道路的观念反映到纸上的想法，女萨满没有拒绝帮助我们。结果便产生了一幅不大的人的亡魂的路线“地图”。遗憾的是，这幅图没有保存下来。

在图姆宁河（Тумнин）工作时，我们在距河口 100 公里的胡图 - 达塔村（Хуту - дата），遇到了整个鞑靼海峡沿岸最年长、最著名的萨满胡通卡·萨韦利（Савелий Хутунка）①，当时他七十多岁。我们把根据女萨满的指导而绘出的“地图”展示给他，他严厉地批评了这幅图。他答应完成一幅带有全部必要细节的“真正的”宇宙图。但在这里不行，他在这儿做客，他的家在切普萨罗夫斯基岛（Чепсаровский остров）。

9 月，沿图姆宁河下行至海，我们停留在切普萨罗夫斯基岛，萨韦利住在一个不大的村子里。在一张 109 厘米 ×70 厘米的书写纸上，在 3 ~ 4 天时间里，他用一支普通铅笔画了一幅我们感兴趣的“地图”。整个工作耗费了不少于 15 ~ 20 小时，第一个晚上萨满自己画，由于他认为画得不够“漂亮”，他叫来两个年轻的奥罗奇人完成后面的工作。萨韦利和他的“艺术家们”异常入迷地工作。绘制“地图”的工作把这个不大的营地的所有男居民都吸引到了萨韦利的树皮窝棚中。在场的奥罗奇人的意见和建议使得作品具有了集体创作的性质，在创作中，开场和结尾总是为老萨满留下。

为了不使标注和题记损伤原本，阿夫罗林用墨水以大约与原物相同的尺寸手工复制了“地图”的副本。

他在摹本上标上了所有细节的序号及其奥罗奇语名称。在后面，与“地图”细节的序号相应的是极为详细的图画。

在“地图”的中央画着我们的大陆（1）（欧洲和亚洲），奥罗奇人将其表现为八条腿无角的驼鹿（бэйудуну сагды），头朝南，有大而蓬松的胡须。在图中，它平卧的样子很舒适。它的脊椎（2）是由九座山峰组成的山

---

① 据阿夫罗林提供的资料：胡通卡·萨韦利·马克西莫维奇（Хутунка Савелий Максимович），1959 年身份证上的年龄是 85 岁，实际 100 岁左右。他出生于图姆宁河胡图村，一生的大部分时间在科皮河度过（约 60 年），然后是在大哈季河，后来住在乌西卡—奥罗钦斯科伊。领退休金者，以前在集体林场工作。过去是大萨满和氏族长。约在 1975 年去世。阿夫罗林记录了他讲述的两个故事。——译者注

脉，这个脊椎把我们的大地分成东西两个相等的部分。在大地的东半部住着奥罗奇人及其近亲和近邻；在西半部住着俄罗斯人和所有其他民族；中国位于驼鹿的头部。居民在大地上的分布这样不均匀，按照奥罗奇人的观点，只是不久以前才这样。如他们所说，从前奥罗奇人很多，以至于一群天鹅从他们上面飞过，会被他们篝火的烟完全熏黑。森林，是驼鹿的毛；动物，是它的寄生虫；鸟，这是围着它飞的蚊子和蠓虫。有时，驼鹿站立不移动，把重心从一只脚移到另一只脚，结果便发生了地震。在大地上生活着巨大的熊，它是所有被捕猎野兽的地上主宰。由于纯技术的原因，熊没有被画在大地上，而是画在“地图”的右下角（41）。

在表示大地的驼鹿下面，直接排列着第二头那样的驼鹿（3），这是冥界。又是由于纯技术的原因，它画在了第一头驼鹿的偏右下方，而且与之相较，它明显变小了。冥界几乎总是黑暗的；只有在太阳围绕大地旋转，从两头驼鹿旁边经过时，才用自己不亮的侧光照一会儿下面的驼鹿的脊背。冥界，这是大地准确的摹本，更确切地说，好像是大地的镜子和底片的倒映。在那里，一切都颠倒过来：老人进入冥界时变成了孩子，孩子变成老人，聪明人变成智力障碍者，幸运者变成不幸者，乐观的人变成悲观的怀疑论者，完整的东西变成破碎的、毁坏的或破裂的，好的东西变成坏的，反之亦然。这种关于冥界观念的结果是，奥罗奇人在安葬死者时，要往坟中埋专门为此撕破的衣服、打碎的器皿和折断的狩猎工具。

连接下面驼鹿臀部的是一条河（4）的河口，这条河通往上层世界。河的上游遇到一个洞（5），经过无人的内（小）层天界，通往外层世界。

我们的大陆西方还排列着一个龙（мудур）形状的大陆（6），它有蕊舌、触须、多叉的角、八条腿，脊背上有一条八座山峰的山脉。按照萨韦利萨满的话，“哎呀，这是美洲”。

在我们大陆的东面是萨哈林（7），是一条鲑鱼，脊背上是七座山峰的山脉，一半蓝色，一半红色。龙（美洲）脊背和鱼（萨哈林）脊背上的山脉在“地图”上没有反映出来。

在外层世界，在我们的大陆之上和北面，是月亮大陆（8），反映在地图上，位于驼鹿的右上方。月亮大陆的东部有两个相距不远的海。其中一个是熊海（9），熊河（10）流入其中，它又从一个湖（11）中流出。有三条小河（12、13、14）流入这个湖中。在这些河的上游地区有一个长条形的大湖（15）。东面有一个特别的冰封的地方，在“地图”上没有标出来。西面（在“地图”左上方）是产煤炭的地方，是木头煤层（16）。并排的第二个海是虎海（17）。带有几条支流的虎河（18）流入其中，在支流的上游有一个拉长形状的大湖（19），它很像月亮大陆半边上的熊海。在大湖的东面同样有一个产煤炭的地方（20）。月亮自身位于月亮大陆西部的几个大湖之间，它是一个发光的圆盘，并带有一个与它同样大小、几乎看不见的盖子。盖子与月亮圆盘的轴连接在一起，轴在这两个圆盘的边上。月亮圆盘不动，而圆盘盖子有时候在轴上缓慢转动，其结果便是月相不断地变化。月亮在“地图”上没有画出。

在月亮大陆的熊半部住着熊主宰的“老太婆”（妻子）（21）；在月亮大陆的虎半部住着虎主宰的“老太婆”（22）。关于她们，后面还要说到。熊主宰和虎主宰是奥罗奇人相貌的神人同形生物。所有住在我们大陆上的熊和虎都是他们的狗。

在我们大地的南方（在“地图”的左上方）是太阳大陆（23），在其上流淌着一条带有几条大支流的河（24），在太阳大地的河岸上住着太阳姑娘（25），她有令人目眩的发光的脸。我们见到的太阳是她的脸。

在宇宙的北方分布着寒冷的冰海（26），海中住着它的恶神（27），恶神是长毛的、独手独眼、尖脑袋的神人同形生物。

在萨哈林东北（在“地图”的右下方）有一个不大的活水湖（28），它在萨满灵魂的形成中起很大作用。关于它的用途，将在后面详说。从北方流入湖中一条河（29），另一条河从这个湖中流出，将湖与海象海（30）连起来。西南方（左侧偏上）有鲸海（31），海的主宰画在海中心（32），鲸海主宰吃生活在海中的人鱼（33）。西面画着鱼主宰之海（34），所有的鱼都在这海中出生，鱼主宰是长着人头的体型巨大的鱼。这是一个凶恶而危险的活物，在它的脊背上有九个恶神助手。在东北分布着水主宰之海（35），在海中住着水主宰（36）和他的“老太婆”（妻子）（37）。当水主宰捕到鲑鱼时，他的妻子刮鱼鳞，鳞片变成鱼，这些鱼前往大地的岸边。奥罗奇人用这个来解释鲑鱼（马苏大马哈鱼、鲸鱼、驼背大马哈鱼）的集体行程。在水主宰之海和鲸海之间还有一个不大的湖（38），是溺死者的冥界。

在大陆的正上方（在“地图”的最上端）有特别的猴子天空，那里住着异常凶恶的长着翅膀的猴子（39）——恶毒的天花神。在月亮和太阳球体的表面分布着一整列星座。在地图的下方，在月球稍往右，画着一头大母熊，但它是由四颗星组成的星座（40）。这头巨熊的皮同样被画在了“地图”的右下角，它是被最崇高的天神、宇宙的创造者哈道（Хадау）杀死的，关于哈道后面还要谈到。这张兽皮在架子上被绷紧晒干。

奥罗奇人中还存在着对“大母熊”的另外解释，这是共由八颗星组成的星座。按照第二种解释，这是四根柱子之上的一座仓房，熊钻入其中。由于熊很重，仓房的一根柱子歪斜了。三个猎人悄悄走近仓房：哥哥、带着狗的弟弟和一个外人。

月球的左面画着一个由十颗星组成的不规则椭圆形的星座（42）。再左是奥伦（Орион）星座（43），然后是由七颗星组成的被奥罗奇人称为“七个姑娘”的普列雅德（Плеяды）星座（44）。这些奥罗奇姑娘是被哈道捉到天上的。位于更左面的是一颗孤星（45），看来是金星。在这个星座链条的最边缘又画了一头“大母熊”，它是由八颗星组成的。然而，不能排除的可能是，前面四颗星没有用来表现“大母熊”，而是显示另外某个星座。

整个“宇宙”都包含在球形外壳（天球）中，它在“地图”上被画成环绕“宇宙”的两条平行线。这个球体的内表面坚硬，呈天蓝色，这就是我们看到的天空。球体的外表面像棉絮一样柔软，被称为“顶天”。在大陆之上，在这个球体上有一个不大的圆形天洞（46）。我们看得到它，这就是北极星。在我们大陆的南面，在天球上还有一个洞（47），它被称为“天空之嘴”。在这个地方排列着两组相互对峙的尖顶山岩，每组九个。两组山岩沿着地平线不断地左右运动，在不同的方向上，大致像理发推子那样运动。

在地球外表面，离“天空之嘴”不远的地方，长着一棵带有三个树杈的铁树（48）（在“地图”上，由于偶然情况，树被画成了“脚朝天”）。这是神话中的铁鸟“阔力”（кори）（49）的树，它与树并排在一起。它的喙如冰镩，翅膀如马刀，尾巴如刺熊的长矛。

这样，我们便完成了“地图”的“地形测量”描述，并遍历亡魂的旅行路线。

根据奥罗奇人的观念，只有当人死亡时，他的灵魂（букки）才会前往冥界“布尼”（буни）。应当注意到，与所有的邻居和亲属部族不同，奥罗奇人认为，亡魂并不是在萨满的陪伴下前往阴间，而是孤身前往。亡魂之路（дювайма）的起点在“地图”上标为数字50。亡魂很快来到由一条直道向右岔开的小路（51），这条小路将狗的灵魂引向冥界。如果这是一个轻浮的人的灵魂，他就会由于无聊的好奇心而转向这条小路并听到狗吠声。好奇心使亡魂陷入狗的冥界。在那里，狗的灵魂开始胳肢他，跟他玩。人的灵魂不能从那里返回。按照奥罗奇人的观点，这是导致他们人数减少的第一个原因。正派人的灵魂不会从正道拐弯，而是毫不停留地从这条岔道旁边走过去。经过三天，灵魂在路上遇见饭桌（52），桌上放着为其准备的食物。吃完饭，灵魂继续自己的行程。经过一昼夜，灵魂艰难地来到一个圆锥形的树皮窝棚（53），在那里过了一夜继续赶路。最后，在下一个昼夜，灵魂来到一个高高的悬崖（54），悬崖上有一个垂直的透亮的洞。在这里，灵魂失去意识并从这个洞坠落到冥界（3）的陆地上。不知不觉地来到“布尼”后，灵魂恢复了意识。亡魂在这里生活五世。[①] 之后，灵魂沿着河流（4）逆行，前往九霄之外的世界。首先，灵魂走到一个拄着拐杖的铁老头（55）那里，然后连续不断地变成铁箭（56）、铁鸭子（57），最后在河流的最上游，变成铁蠕虫（58）。这样，灵魂经过一个洞，悄悄溜进天球内（5），并继续自己铁蝴蝶（59）的旅程。这只铁蝴蝶沿着碳场之路飞往月亮大陆（8）。还没飞到月亮大陆时，灵魂决定向月亮大陆上的两个永生的老太婆中的哪一个走去。

飞到月亮大陆，灵魂沿着两条河流中的一条走向“熊”老太婆或“虎”老太婆。灵魂在一条河的上游地区生活一段时间，然后归这个或那个老太婆管理。老太婆用木炭喂养灵魂，炭是她从碳场（16 或 20）弄来的。之后，灵魂服用灰球蘑菇（дождевик）（60 或 61），老太婆将其抛出月亮大陆，投胎于某个妇女，便生育了新的人。如果在过去的生命大陆上，这个灵魂是男人，那么现在就会出生一个姑娘，反之亦然。人身体上的所有胎记都被奥罗奇人看成这个灵魂在其前生碰伤、割伤和其他摔伤的痕迹。他们认为这是灵魂迁移的最可信的证据之一。

溺死者灵魂的命运则是另一番情形。灵魂的奇异经历被画在了“地图”的一部分上，位于我们的大陆（驼鹿）和萨哈林（鱼）之间。人像（62）画出了未来的溺死者。溺死者站在一条线上，那条线表示水面。号码（63）表示宗教仪式用刨花木棒［众所周知，在民族志学文献中，爱努人称之为“伊纳乌”（инау）］，在这种情况下，用它来标出淹死的人所待的地方。线从这个地方向下，然后向左转，转到水下世界的一条河。坐着木板小船

① 按照奥罗奇人的观点，每个人有三个灵魂，最重要的是汉雅·奥莫罗（ханя оморо），其次是汉雅·麦基（ханя маккы），第三个是汉雅·萨卡（ханя сакка）。人死之后，第一个和第二个灵魂前往冥界，半路上第二个灵魂死去。只有第三个灵魂留在地上并实施各种诡计。——译者注

（带双桨的小平底船）沿着河旅行到水主宰（64）的恶神那里，溺死者的灵魂于是被恶神猎取。当发现溺死者（65）的灵魂时，恶神用鱼叉将其捕获，并送到水主宰那里。上面恶神的这只小船在“地图”上被画成海生动物系的两个代表的布景创作。得到溺死者的灵魂后，水主宰派其前往溺死者冥界（38）进行治疗。治疗之后，溺死者的灵魂将永远居住在水主宰之海（35），不可能返回大陆。在这里，奥罗奇人还看到一点，即他们人数减少的第二个原因。但是，如果萨满在溺死者的灵魂被水主宰的恶神捉到之前作法，就不排除亡魂返回大陆的可能性，那么溺死者就可以还魂，或者当这已经不可能时，其灵魂同样能打通道路并变成一般死者的灵魂，获得重获新生的能力。

根据奥罗奇人的观念，动物同样有灵魂，并且它们的灵魂也具有迁移的能力。这样或那样死去的动物的所有灵魂都落到月亮大陆的另一半，虎主宰支配它们。每年秋天，虎主宰就把动物的灵魂或多或少地抛向我们的大陆。

奥罗奇人关于萨满灵魂形成和旅行的观念特别有趣。

萨满的灵魂是最高的天神哈道创造的，哈道的外貌是白胡子老头（66）。哈道从铁中锻造出萨满的灵魂（67），其样子是无角驼鹿（68）。哈道的助手神（“布丘”，бучу）（69）正鼓起风箱（70）帮助他。几何图形（71）是两条相交的直角粗线，表示煤炭所在的地方。熔铁炉是铁蟾蜍（72）。“布丘”用风箱（кугу）通过蟾蜍的肛门鼓风，从它的嘴中冒出烈焰。在锻造灵魂的同时，哈道还为每一个萨满打造标志物：带木槌的鼓（унту）（73）、萨满裙（74）、带有叮当作响小饰物的腰带（75）以及助手神。助手神是一开始就画出来的，而不是最后锻造出来的。在这里，我们看到了最初图形（76）：狗、鱼、鸭（гаса）和毒蛇（мики）。

当萨满的灵魂带着他的一切必需品被制造出来时，灵魂接到哈道妻子（Хадау мамачани）[①]（78）的指令，她把灵魂放入石头摇篮（77）中，摇篮挂在两条铁蛇上。抚养大萨满灵魂后，她将其变成鱼（79），放入一条河（29）中，这条河的起点就是石头摇篮。沿着这条河，萨满灵魂进入一个湖（28）中，在这里，一系列考验在等待着它。萨满灵魂作为鱼在湖的西岸附近游来游去。在那里，带着鱼叉的恶神（80）守候着它。如果萨满灵魂躲开恶神，从他旁边游过，接下来它就会遇到石头台架（81），狗（82）沿着

① 按奥罗奇人的传说，哈道和他的妻子一起创造了世界。哈道的妻子创造了亚欧大陆和库页岛。哈道杀了自己的妻子。——译者注

台架来回跑，它也在窥伺萨满灵魂并企图捉到它。萨满灵魂被迫返回并尝试在东岸附近游动。但在这里，考验依然在等待着它。在河口附近它遇到了驿站（83）。在驿站附近还站着一个带着石锤的恶神（84），他用锤子敲昏了作为萨满灵魂的鱼。然后他把灵魂带回自己的窝棚（85），然后恢复它的知觉，并且说服它品尝人肉。如果恶神成功了，那么萨满的这个灵魂就会迁移到恶神那里，将会以人的灵魂为食并啃咬尸体。恶神把萨满的这个灵魂放入湖中。如果萨满的灵魂不听从恶神的劝说，那么恶神海象就会试图吃掉它。但是，灵活而机敏的灵魂成功逃脱了，并逃到了湖中。在九块水下石头（86）之间游动时，灵魂摆脱了这个危险的湖并顺着一条与海象海（30）相连的河游去。它又变成鱼（87）在游动。在这条河的河口附近，最后有最危险的考验在等待着萨满灵魂。在这里，带着大鱼叉的哈道（88）在等候着它，大鱼叉的皮带上拴着九位尖脑袋神（бучу）（89）和九位圆脑袋神（мане）（90）。哈道没有用大鱼叉射中每一条鱼，如果这是一个软弱的灵魂，他就杀死它；如果灵魂足够强大，它就会带着刺在脊背上的鱼叉尖继续游并带走所有十八位拴在皮带上的神。他们日后将成为萨满最亲近的助手神。

在海象海，萨满灵魂获得了人的形貌。哈道提供给他一条自动船（91）。萨满灵魂坐在船中央，船首和船尾各坐一位助手神，余下的坐在船的后半部，并用一条腰带绑住萨满灵魂，这腰带是大鱼叉的皮带变成的。萨满灵魂坐船在海象海（30）航行，然后在鲸海（31）航行，从鱼主宰之海（34）旁边驶过，驶向我们大陆的岸边。在这里，他带着使其成为职业萨满的那些东西投生。

最后，谈一谈与所描述的“地图”有关的内容。这是职业萨满灵魂的“宇宙旅行路线图”，这些“旅行”是在行巫术时完成的。粗犷的舞蹈伴随着神歌和节奏强烈的鼓点，萨满进入恍惚状态。在疲惫不堪的时候，他坐在窝棚的地板上，轻轻击鼓，用压低的嗓音继续唱神歌。在这个时刻，“灵魂离开他，踏上了遥远而艰难的路途”。在自己的神歌中，萨满向沉寂的听众讲述，他的灵魂在哪里飞行并看见了什么。

这种旅行最经常的动机是，希望预言最近的未来大地上会发生什么：冬季捕猎的野兽是否会多，夏天和秋天鲑鱼的行程将会怎样，是否会有洪水，雪的深度将如何，等等。很少向居住在天界的强大诸神提出各种请求。有时，萨满完成这样的旅行只是为了在周围人面前显示自己的能力，并以此巩固和增加自己的声望。

最经常的是，萨满，确切地说是他们的灵魂，前往月亮大陆旅行。在我们大陆与月亮大陆之间，有三层一层叠一层的云（92、93、94）。萨满的灵魂变为雨燕（95），从我们大陆飞到第一层云；再变成蝙蝠（96），从第一层云飞到第二层云；又变成蜻蜓（97），从第二层云飞到第三层云；然后灵魂变成蜘蛛（98），并沿着从月亮大陆放下的蜘蛛网往上爬。最后，在自己旅行的目的地附近，灵魂又变成蠡斯（99），一跳就跳到月亮大陆上。

在雪量稀少的冬天，当猎人们很难追赶上野兽时，萨满就为降雪而前往月亮大陆。用前面记述的办法登上月亮大陆后，他前往月亮大陆的东北端，那里有一个原先提到过的冰封的地方。在那里，萨满把冰块弄成火柴盒大小，抛向我们大陆。当冰块逐层穿过三层云时，就会逐渐越来越细碎，变成雪落在我们大陆上。在返回的路上，萨满依旧完成来时的那些变化。

萨满能够完成去太阳大陆的旅行，但能够做到的非常少，因为无论如何，除了完成自我牺牲，否则不会飞到它那里。这种旅行伴随着巨大的危险。每位萨满都得忍受巨大的痛苦，看一眼住在那里的姑娘，虽然只是一次，甚至极短的一瞬，看一下她那光芒四射的脸，也会使人目盲。甚至不能近距离靠近她，那样萨满就会燃烧。从我们大陆不能直接到达太阳大陆。为此，萨满先去月亮大陆，在那里，有唯一一条通往太阳的路。萨满灵魂首先骑着海蛾鱼（пегас，有翅膀的马）（100）开始自己的旅程，接着乘着一团线（101）、破布做的带翅膀的球（102），在星座中间飞行，然后改乘鸟（103），再乘坐带翅膀的铁船（104）飞到太阳大陆。萨满坐着有九个横向墓穴带翅膀的铁棺材（105）从太阳大陆降落到我们大陆。在接近我们大陆时，棺材消失，萨满灵魂（106）落到大陆上，还魂于肉身。

更加艰难而危险的英勇行为是去我们宇宙边界之外的旅行，只有法力极高的萨满才敢这样做。萨满灵魂变成猫头鹰（107）开始这一遥远的征途。就这样，灵魂飞到水下河的源头——关于这条河，已在前面讲过，变成了环斑海豹（108），沿着这条河往南游。变成比目鱼（109）游过水主宰之海（35），又变成其他种类的海鱼（110）游过湖（38）。进入鲸海（31）时，灵魂变成刺猬（111），为的是不被鲸鱼吞下。然后，游到这个海的出口，灵魂又变成鱼（112）并游向大天球上的洞（47）。在这里，差不多是最艰难的考验在等待着萨满灵魂。灵魂需要表现出完全不可思议的敏捷，在运动着的山岩之间刹那出现的缝隙中迅速穿过。这是不比奥德赛在斯库拉和卡律布狄斯[①]之间海

① 古希腊神话中在意大利半岛和西西里岛之间的两个怪物，详见《荷马史诗·奥德赛》。

峡所遭遇到的困苦小的艰难考验。在这次艰难考验之后，萨满灵魂变成鸟的样子立到属于“阔力”的树（48）上，法力最强大的萨满坐在最上面的树枝上，弱一些的萨满立在第二个树枝上，更弱的萨满立在下面的树枝上。在这里，萨满的坚忍不拔要经受考验。如果他感到疲倦，他就会站不稳而被睡眠战胜，而一旦睡着，他就会从树上跌落下去，陷入泥泞的天球表面并死掉。本领高强的萨满不睡觉，并在休息之后继续自己的路程，降落到月亮大陆上。在前往月亮大陆的路上，他还要敏捷地躲开长着翅膀的猴子外貌的恶神（39）的袭击。萨满灵魂通常会顺利地从月亮大陆降落到我们大陆。

奥罗奇人说，以前有那样强大的能够前往冥界的萨满，并且他们不直接从那里返回，而是经过月亮大陆。奥罗奇人从他们那里知道了冥界的布局。现在，那样的大萨满没有了。

（В. А. Аврорин и И. И. Козьминский. Представления орочей о вселенной，о переселении душ и путешествиях шаманов，изображенные на карте. Сборник музея антропологии и этнографии АН СССР. Т. ⅩⅠ. С. 324 – 331. М. – Л.，1949. ）

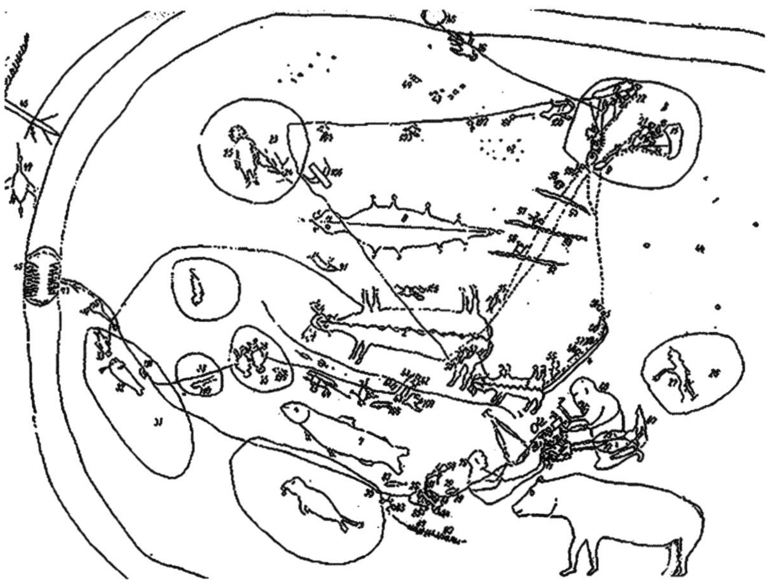

Orochi People's Ideas about the Universe, Soul Migration and Shamanic Journey

В. А. Аврорин and И. И. Козьминский Record,
Translated by Zhang Song and Shi Yan

Abstract: The Orochi once believed that the Eurasian continent is an eight-legged hornless moose and the island of Sakhalin at the east of the continent is a salmon. According to the Orochis' believed, that the soul of deceased persons comes to the underworld and a shaman's soul has to endure several tests before the shaman finally becomes a great shaman.

Keywords: Oroch; Shaman's Trip; Worldview

旅游与地区发展

黑龙江省鄂伦春族人口发展状况调查与分析

吴　瑶

摘要：鄂伦春族是我国北方人口较少的民族之一，自 1953 年下山定居以来，经济社会发生了巨大变化，人口素质也有了较大提高。本文通过对鄂伦春族人口发展的历史与现状进行分析，研究鄂伦春族人口发展中存在的问题，并提出促进其人口及经济社会发展的对策建议。

关键词：鄂伦春族　人口结构　文化程度　职业状况

作者简介：吴瑶，黑龙江省社会科学院民族研究所副研究员，主要从事民族理论与民族学研究。

鄂伦春族是我国 28 个人口较少民族之一，也是黑龙江省的 10 个世居民族之一，主要分布于黑龙江省和内蒙古自治区。2010 年第六次全国人口普查资料显示，全国鄂伦春族人口总计 8659 人①，其中黑龙江省 3943 人，占全国鄂伦春族总人口的 45.54%。黑龙江省的鄂伦春族，分布在大兴安岭地区的呼玛县、塔河县，黑河市的爱辉区、逊克县和伊春市的嘉荫县。1953 年鄂伦春族实现下山定居，从此结束了原始的游猎生活，社会面貌发生了巨大变化，经济实力不断增强，社会事业长足发展，生活水平和人口素质有了较大提高。本文以黑龙江省 2010 年人口普查资料为基础，对鄂伦春族人口现状进行分析，研究鄂伦春族人口发展中存在的问题，探讨解决问题的途径和办法，以期促进人口与经济社会的协调发展。

---

① 国务院人口普查办公室、国家统计局：《中国 2010 年人口普查资料》，中国统计出版社，2012。

一 鄂伦春族人口发展的历史与现状

（一）鄂伦春族人口发展的基本特点

鄂伦春族的人口发展大体经历了人口缓慢增长、急剧下降、缓慢下降和人口再生产四个阶段。在人口发展过程中，主要呈现出以下几个特点。

1. 人口发展呈近似“U”形特征

中华人民共和国成立前，鄂伦春族人口经历了急剧下降和缓慢下降的过程。中华人民共和国成立初期，鄂伦春族人口开始缓慢增长。1964 年第二次全国人口普查时为 2709 人，比 1953 年增长 20.53%。从 1964 年开始，鄂伦春族人口增长速度加快，1982 年第三次全国人口普查时为 4132 人，比 1964 年增长了 52.53%；20 世纪 80 年代是鄂伦春族人口增长最快的时期，至 1990 年第四次全国人口普查时达到 7004 人，比 1982 年增长 69.51%；2000 年第五次全国人口普查时为 8196 人①，比 1990 年增长 17.02%；2010 年第六次全国人口普查时人口达到 8659 人，比 2000 年增长 5.65%（见表 1）。预计鄂伦春族人口在今后一个时期内仍将保持这种平稳缓慢增长的态势。

表 1 1953～2010 年我国鄂伦春族人口普查情况

年 份	历次鄂伦春族人口普查数(人)	
	全国	黑龙江省
1953 年	2251	1303
1964 年	2709	1488
1982 年	4132	2002
1990 年	7004	3618
2000 年	8196	3871
2010 年	8659	3943

资料来源：历次《黑龙江统计年鉴》及国家统计资料。

2. 人口总量下降时间长

公元 386～1895 年，在这漫长的时间里，鄂伦春人大多在黑龙江以北的

① 国务院人口普查办公室、国家统计局人口和社会科技统计司：《中国 2000 年人口普查资料》，中国统计出版社，2002。

广袤土地上劳动、生息和繁衍。“从 1895 年清政府所编户口册以及当时人们旅行报告推算，鄂伦春族人口最多时达 18000 人左右”。[①] 1896 ~ 1915 年，在这 20 年中，由于沙俄殖民主义者入侵发生的战乱和生活环境恶劣，鄂伦春族人口发展呈悲剧性变化，人口总量急剧下降，到 1915 年下降到 4111 人，下降了 77.78%。1916 ~ 1953 年的 38 年中，由于日本侵略者的入侵和疾病等原因，鄂伦春族人口呈继续下降的趋势，“人口总量从 1915 年的 4111 人减少到 1934 年的 3700 人，1938 年 2897 人，1940 年 2697 人”,[②] 到 1953 年定居时全国鄂伦春族人口下降到 2251 人（黑龙江省 1303 人），下降了 45.24%，但下降速度已开始放缓，前后共经历了 58 年人口总量急剧下降的过程（见图 1）。

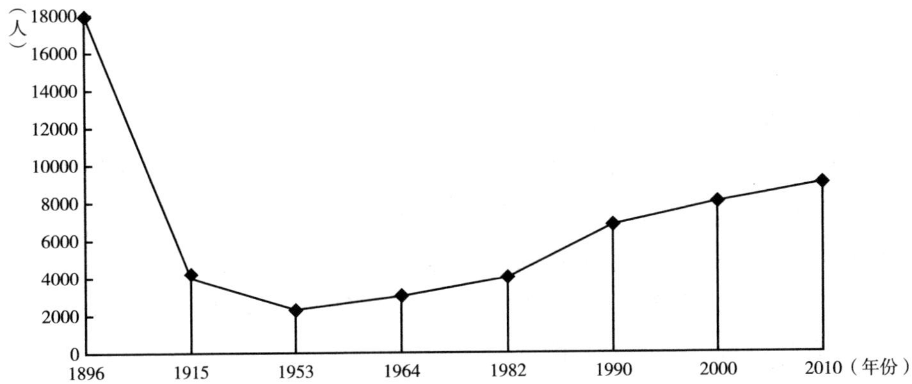

图 1　1896 ~ 2010 年鄂伦春族人口发展

资料来源：黑龙江省统计局资料。

3. 人口总量减少的绝对数值大

鄂伦春族是一个人口数量很少的群体，2010 年第六次全国人口普查资料显示，鄂伦春族人口在全国 7 个万人以下少数民族中排第 2 位。中华人民共和国成立后该民族人口虽然得到迅速发展，但由于 1896 ~ 1953 年的 58 年时间里，人口总量从约 18000 人下降到 2251 人，绝对数减少近 15000 人，平均每年减少近 259 人。这对一个人口基数较小的民族来说，人口数量的急剧减少对该民族人口发展的影响是巨大的，因此，鄂伦春族人口的发展壮大

① 日本参谋本部：《满洲地志》，商务印书馆，1904，第93 页。

② 林盛中：《中国鄂伦春族人口的发展和现状》，《人口研究》1989 年第 6 期。

必然要经历较长的时间。

4. 人口再生产的补偿速度缓慢

人口再生产具有周期长、惯性大的特点，尽管鄂伦春族人口在新中国成立后具备了补偿生育的客观条件，但该民族人口总量的增加是需要时间和过程的。从 1953 年开始，鄂伦春族人口进入了补偿性人口再生产阶段，并且由缓慢启动向快速增长发展。1953 ~ 2010 年间，全国鄂伦春族人口从 2251 人回升到 8659 人，人口绝对数增加 6408 人，平均每年增加 112.4 人。由于人口基数小和近 20 年人口增长速度明显放缓，人口增长的绝对数依然很小。尽管黑龙江省鼓励鄂伦春族生育，计划生育条例规定，只要夫妻一方是鄂伦春族的即可生育 3 个子女（2011 年以前的政策，2011 年以后修订的计划生育条例规定，只要夫妻一方是鄂伦春族即可生育 2 个子女），但如今鄂伦春族的生育观念发生了很大变化，生育 2 个或 3 个孩子的非常少，基本是生育 1 个孩子。

5. 人口城市化水平不高

根据 2010 年人口普查资料，10 年中鄂伦春族人口城镇化进程较快，市镇人口占比为 49.25%，比 2000 年提高了 9.54 个百分点，市镇人口比重增幅仅次于少数民族中的柯尔克孜族。鄂伦春族人口城市化水平仍然不高（城市人口比重为 23.28%），乡村人口比重为 50.75%，低于黑龙江省少数民族中农村人口比重 56.21% 的水平。

（二）鄂伦春族人口性别、年龄构成情况

人口性别与年龄构成是人口的自然属性，既是过去人口发展过程的演变结果，也是未来人口发展的重要基础。鄂伦春族人口性别构成不均衡，年龄构成偏年轻化。

1. 人口性别构成

2010 年第六次人口普查资料显示，黑龙江省鄂伦春族人口中，男性人口 1872 人，女性人口 2071 人①，人口性别比为 90.39，即男女比例不均衡，低于黑龙江省总人口性别比（109.49），与 10 年前的 104.54 相比也呈下降趋势。

从表 2 可见，在 2000 年第五次和 2010 年第六次全国人口普查的十年

① 黑龙江人口普查办公室：《黑龙江省 2010 年人口普查资料》，中国统计出版社，2012。

间，黑龙江省鄂伦春族0岁人口即出生婴儿性别比由108.33下降到96.30，低于同期黑龙江省人口性别比。2010年，鄂伦春族1~14岁人口性别比低于10年前96.01和同期全国的94.17，为90.69，这与10年间出生婴儿性别比持续过低有直接关系。资料表明，2010年黑龙江省鄂伦春族1~10岁人口（2000~2009年出生）性别比只有93.23；65岁及以上鄂伦春族老年人口性别比，2010年（73.61）与2000年相比有明显下降的趋势。鄂伦春族15~64岁青壮年人口性别比为91.07，与10年前的89.19相比呈上升趋势。可见，鄂伦春族人口性别构成不均衡，不同年龄组中存在一定的差异。

表2　2000~2010年鄂伦春族人口分地区、年龄组的性别构成情况

年龄组	性别比			
	黑龙江省		全国	
	2000年	2010年	2000年	2010年
0岁	108.33	96.30	91.94	101.69
1~14岁	96.01	90.69	101.79	94.17
15~64岁	89.19	91.07	84.24	85.97
65岁及以上	89.67	73.61	76	69.92

资料来源：黑龙江省统计局资料。

2. 人口年龄构成

人口年龄结构不仅对未来人口自身发展有重要影响，同时对社会经济的发展也会产生重大影响。2010年，鄂伦春族人口仍以年轻人为主体，且青壮年人口增多，65岁及以上高龄人口也逐步增多（见表3）。通过分析可知，鄂伦春族人口年龄构成主要有以下几个特征。

表3　黑龙江省第五次、第六次人口普查鄂伦春族人口年龄构成状况

年龄	2000年（五普）				2010年（六普）			
	人口数（人）	男	女	所占比重（%）	人口数（人）	男	女	所占比重（%）
0~4岁	279	125	154	7.21	260	131	129	6.59
5~9岁	384	182	202	9.92	233	105	128	5.91
10~14岁	566	295	271	14.62	285	134	151	7.23
15~19岁	462	221	241	11.93	378	193	185	9.59
20~24岁	297	128	169	7.67	475	242	233	12.05

续表

年龄	2000年(五普)				2010年(六普)			
	人口数(人)	男	女	所占比重(%)	人口数(人)	男	女	所占比重(%)
25～29岁	379	187	192	9.79	377	187	190	9.56
30～34岁	377	180	197	9.74	283	126	157	7.18
35～39岁	376	163	213	9.71	365	184	181	9.26
40～44岁	231	107	124	5.97	359	162	197	9.10
45～49岁	192	105	87	4.96	336	134	202	8.52
50～54岁	114	56	58	2.94	206	88	118	5.22
55～59岁	89	39	50	2.30	165	91	74	4.18
60～64岁	54	30	24	1.39	96	42	54	2.43
65～69岁	31	13	18	0.80	65	27	38	1.65
70～74岁	22	10	12	0.57	41	15	26	1.04
75～79岁	10	5	5	0.26	9	6	3	0.23
80岁及以上	8	5	3	0.21	10	5	5	0.25
合　计	3871	1851	2020	100	3943	1872	2071	100

资料来源：《2000黑龙江统计年鉴》，中国统计出版社，2000。《2010黑龙江统计年鉴》，中国统计出版社，2010。

（1）0～14岁少年儿童人口比重呈下降趋势。鄂伦春族人口出生率2000年为12.92‰，2010年为11.91‰，出生率与过去相比有较大下降，一是受年轻女性人口迁出因素的影响，二是鄂伦春族生育观念发生了变化，人口出生率不断降低，少年儿童人口比重不断下降。第五次、第六次人口普查显示，黑龙江省总人口中14岁及以下低龄组人口比重分别为20.5%和11.94%，即十年间下降8.56个百分点。其中鄂伦春族人口低龄组分别为31.75%和19.73%，下降12.02个百分点，高出全省3.46个百分点，并比全省2000年、2010年少年儿童人口比重分别高11.25个和7.79个百分点。虽然鄂伦春族0～14岁少年儿童人口比2000年有所下降，但是该民族0～14岁少年儿童人口比重仍保持高于全省水平，人口年龄构成仍处于偏年轻状态。

（2）劳动年龄人口增长迅速。劳动年龄人口是指16～60岁的男性人口和16～55岁的女性人口。黑龙江省劳动年龄人口占总人口的比重，2000年为68.67%，2010年为70.53%，增加1.86个百分点；鄂伦春族分别为61.61%和72.51%，增加10.90个百分点，明显高出全省9.04个百分点，鄂伦春族人口中劳动力明显增加，青壮年人口的比例呈良好态势。

（3）65岁及以上老年人口逐渐增多。黑龙江省老年人口占总人口比重，2000年、2010年分别为5.56%和7.99%，10年间上升了2.43个百分点；

鄂伦春族人口基数较小，人口年龄结构相对较年轻，65 岁及以上老年人口比重保持较低水平，2000 年老年人口占鄂伦春族人口的 1.83%，2010 年老年人口已增长到 125 人，占鄂伦春族人口的 3.17%，比 2000 年增长了 1.34 个百分点。而 2010 年鄂伦春族总人口比 2000 年仅增加了 1.86%，可见鄂伦春族 65 岁及以上老年人口增长还是较快的。

（三）鄂伦春族人口受教育情况

鄂伦春族由于人口基数较小，平均文化程度较高，接受高等教育的人口显著增多。在黑龙江省鄂伦春族人口中，2010 年 6 岁及以上人口为 3624 人，具有小学及以上文化程度的达 3574 人，高达 98.62%，比 2000 年的 96.34% 高出 2.28 个百分点，比同期黑龙江省总人口的 97.51% 高出 1.11 个百分点。与 2000 年本民族人口相比较，初中及以上文化程度人口所占比重均有不同程度增长，其中高中（含中专）文化程度人口 1303 人，占 35.95%，比全省 25.26% 高出 10.69 个百分点；受高等教育人口增长最为迅速，大学（大专）以上文化程度人口 638 人，占 17.60%，是 2000 年（7.12%）的 2.47 倍，是全省人口平均水平（9.54%）的 1.84 倍，在黑龙江省 10 个世居少数民族中增幅是较高的（见图 2）。

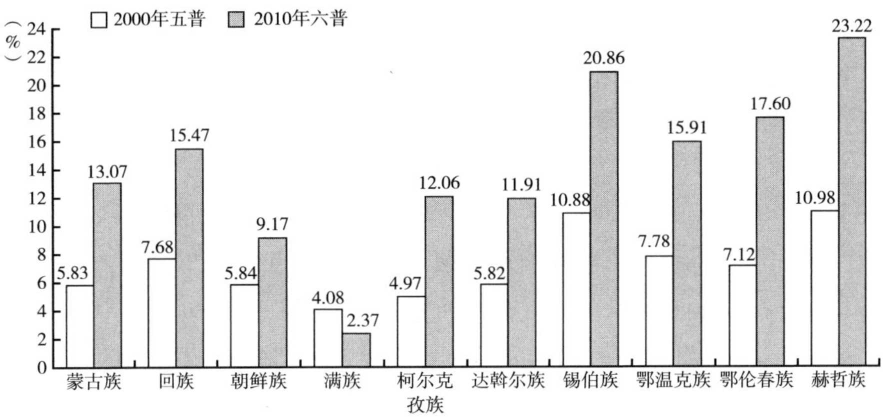

图 2　2010 年黑龙江省 10 个世居少数民族大学（大专）文化程度人口所占比重

资料来源：黑龙江省统计局资料。

鄂伦春族 6 岁及以上受教育人口中，男性比重为 99.12%，女性为 98.17%，男女差别很小，即鄂伦春族人口在文化素质方面不存在性别上的差异。但在接受高中及以上较高层次教育的人口中，女性人口比重明显高于男性，高出 1.9 个百分点，与黑龙江省人口文化构成有所不同（见表 4）。这说明鄂伦春族在教育方面不存在重男轻女的问题，十分重视对女性人口的教育。女性人口文化素质的不断提升，对于提高民族整体素质，促进该民族的进步与发展，有着不可估量的重要作用。

表 4　2010 年黑龙江省鄂伦春族分性别人口受教育情况统计

单位：%

性别	大学		高中		初中		小学		合计	
	全省	鄂伦春族	全省	鄂伦春族	全省	鄂伦春族	全省	鄂伦春族	全省	鄂伦春族
男	9.89	16.67	16.36	18.48	48.93	45.26	23.24	18.71	98.42	99.12
女	9.18	18.44	15.06	18.23	45.21	41.54	27.12	19.96	96.57	98.17

资料来源：《2010 黑龙江统计年鉴》，中国统计出版社，2010。

（四）鄂伦春族在业人口行业和职业状况

改革开放为鄂伦春族带来了前所未有的发展机遇和广阔空间，随着产业结构的逐步调整，鄂伦春族所从事的行业种类不断拓宽，人口的职业分布更为广泛。

1. 在业人口的行业构成

2010 年人口普查资料长表数据显示，鄂伦春族从事农、林、牧、渔等第一产业的人口比重为 40.56%，低于黑龙江省第一产业人口比重（55.34%）14.78 个百分点，与 2000 年（44.14%）相比降低了 3.58 个百分点，第一产业人口比重将在一定时期内保持稳定并将逐年下降。第二产业人口比重为 15.56%，比全省（21.09%）低 5.53 个百分点，比 2000 年（15.85%）低 0.29 个百分点。鄂伦春族人口大多居住在边疆地区，历史上没有工业和手工业，随着城市化进程的不断加快，相继出现一些工业及相关企业。但是，近 20 年来工业和乡镇企业发展缓慢，甚至出现了回落趋势。旅游业、服务业等第三产业则发展较快，且从业人口比重保持逐年增长的趋势，达到 43.89%，比全省（23.57%）高出 20.32 个百分点。鄂伦春族聚居地区依山傍水、环境优美，自然风光和民族风情具有较强的吸引力。随着旅游产业的开发，势必拉动相关产业的发展，第三产业人口比重还将进一步增长。鄂伦春族人口行业构成的变化，标志着传统的生产劳作方式和现代经营手段实现了有机结合，各级政府扶持的政策优势和地缘优势正在发挥着有效作用，鄂伦春族产业结构已进入发展型，并逐步向现代型转变。

2. 在业人口的职业构成

从2010年人口普查资料长表数据看，鄂伦春族各职业人口中，国家机关、党群组织、企业、事业单位负责人员，占全省鄂伦春族人口的6.11%（黑龙江省为1.64%），是全省的3.73倍。专业技术人员、办事人员和有关人员分别为12.78%和11.11%，分别是全省的1.69倍和2.92倍，通常把以上三类人员划为脑力劳动者，鄂伦春族脑力劳动者占就业人口比重为30%，是全省的2.31倍。鄂伦春族从事农、林、牧、渔、生产运输等体力劳动的人口在下降，只占51.11%，与2000年（58.7%）相比下降了7.59个百分点，远远低于全省（70.52%）19.41个百分点。商服人员所占比重为18.89%，高于全省（16.40%）2.49个百分点，以上两类人员通常被划为体力劳动者，所占比重为70%。鄂伦春族从事脑力和体力劳动人口比例为1∶2.33，远高于全省水平（1∶6.69）。随着农、林、牧、渔和第三产业的巩固和发展，鄂伦春族人口的职业分布也呈多样化发展，改变了以往历史上职业分布比较单一的现象（见图3）。

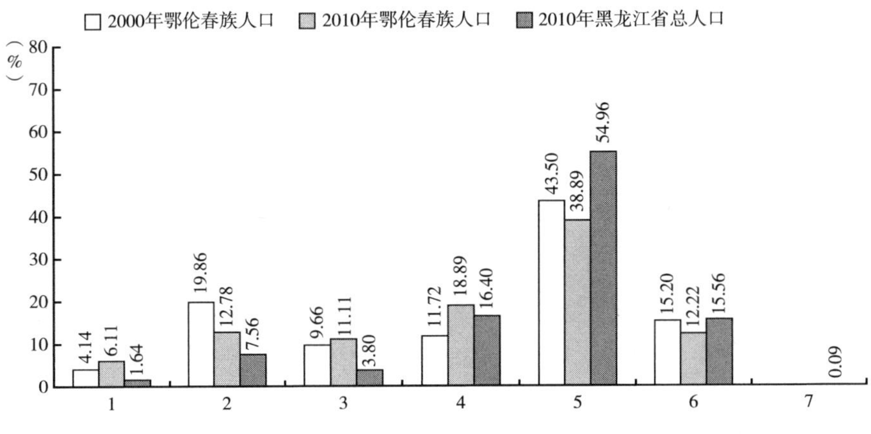

图3 鄂伦春族各职业人口所占比重

注：1. 国家机关、党群组织、企事业单位负责人；2. 专业技术人员；3. 办事人员和有关人员；4. 商业、服务业人员；5. 农、林、牧、渔、水利业生产人员；6. 生产、运输设备操作人员及有关人员；7. 不便分类的其他劳动者。

资料来源：黑龙江省统计局资料。

（五）鄂伦春族人口婚姻状况

2010 年全国第六次人口普查资料显示，鄂伦春族婚姻人口中 61.81% 有配偶，29.45% 未婚，离婚和丧偶的比重分别为 4.85% 和 3.88%（见表 5）。鄂伦春族人口婚姻关系相对稳定，与其他民族通婚已较普遍。

表 5 鄂伦春族人口婚姻比重构成

单位：%

婚姻构成	2000 年						2010 年					
	鄂伦春族			全省			鄂伦春族			全省		
	男	女	小计	男	女	小计	男	女	小计	男	女	小计
未婚	37.72	17.73	26.66	20.57	15.11	17.87	35.46	24.40	29.45	20.78	16.20	18.50
有配偶	59.65	75.89	68.63	74.73	77.32	76.01	53.90	68.45	61.81	72.58	73.71	73.14
离婚	0.88	1.42	1.18	1.70	1.28	1.49	7.09	2.98	4.85	3.15	2.69	2.92
丧偶	1.75	4.96	3.53	3.01	1.28	4.63	3.55	4.17	3.88	3.49	7.41	5.44

资料来源：《2000 黑龙江统计年鉴》，中国统计出版社，2000。《2010 黑龙江统计年鉴》，中国统计出版社，2010。

2000 年鄂伦春族及全省婚姻人口中，未婚人口比重分别为 26.66% 和 17.87%，鄂伦春族比全省高出 8.79 个百分点；2010 年为 29.45%，比全省高出 10.95 个百分点。2000 年有配偶人口比重为 68.63%，比全省低 7.38 个百分点；2010 年为 61.81%，比全省低 11.33 个百分点。2010 年鄂伦春族离婚、丧偶比重分别为 4.85%、3.88%，分别比 2000 年上升了 3.67 个和 0.35 个百分点。以上数据表明，鄂伦春族未婚人口比重有所上升，与黑龙江省总人口比较仍相对较高，丧偶人口比重与 2000 年基本相当，但离婚人口比重有所上升。男性离婚率上升较高，比 2000 年上升了 6.21 个百分点，与 2000 年相比性别间差距进一步拉大，并保持较高水平。

由于鄂伦春族人口群体小，经多年的演进，其婚姻形式已由传统的氏族外通婚转向与其他民族通婚。2010 年全国第六次人口普查资料显示，鄂伦春族同汉族通婚的居多，占 78.49%，与其他民族通婚的只占 8.35%。鄂伦春族婚姻圈的逐步扩大，对于提高人口素质，促进婚姻文化进步以及人口发展具有重要意义。

二 鄂伦春族人口及经济社会发展变化

在黑龙江省委、省政府及各级党委政府的正确领导下，在社会各界的大力支持和全省鄂伦春族同胞的共同努力下，鄂伦春族走过了下山定居60多年的光辉历程，各项事业都取得了长足的进步与发展。

（一）人口素质不断提高

为反映人口年龄结构类型，通常将总人口划分为0～14岁、15～64岁、65岁及以上三个年龄组，即少年儿童组、成年组、老年组。2010年全国第六次人口普查资料显示，黑龙江省鄂伦春族三个年龄组的人口分别是778人、3040人和125人，分别占全省鄂伦春族总人口的19.7%、77.1%和3.2%。“老少比”（总人口中老年人口数与少年人口数之比）为16.1%，年龄中位数为28.5岁。按照国际上通用的人口年龄构成类型测度指标衡量，鄂伦春族人口属于“成年型”结构类型。鄂伦春族人口平均年龄为30.6岁，与同期黑龙江省总人口平均年龄（38岁）相比低7.4岁。0～14岁少年儿童人口数、65岁及以上老年人口数之和，与15～64岁劳动年龄人口数之比（总抚养比）为29.7%，这表明黑龙江省鄂伦春族人口年龄构成较年轻，劳动力资源丰富，抚养负担压力较小，正处在有利于经济社会发展的“人口红利期”，具有较好的人口和社会发展优势。

教育方面，黑龙江省先后出台了针对鄂伦春族学生的一些优惠政策。如鄂伦春族考生报考省属高等院校降10分录取；在省属高校中开设了民族预科班，对鄂伦春族考生降80～100分录取；在中考时各地也都出台了加分录取的政策，使鄂伦春族孩子都能享受到中学和大学教育。目前，黑龙江省鄂伦春族适龄儿童入学率达到100%，巩固率达到95%。鄂伦春族接受高等教育的人口比例排在黑龙江省10个世居少数民族的第3位（高于全省总人口的比例）。与此同时，政府对居住在农村的鄂伦春族实行了全额报销医疗费的政策，黑龙江省鄂伦春族新农合参合率达到100%。随着教育和卫生事业的发展，鄂伦春族人口健康状况得到改善，人口整体素质不断提高。

（二）政治待遇得到保障

鄂伦春族积极参与国家和本民族事务的管理，民族发展的自信心和自豪感不断增强。一批具有较高学历的鄂伦春族优秀人才被选拔或推荐成为各级党委、政府的干部和管理人员。据统计，黑龙江省有鄂伦春族干部 248 人（其中厅级 1 人、处级 12 人、科级 47 人，其他 188 人），各级干部占鄂伦春族总人口的 6.11%。为贯彻落实党的民族政策，黑龙江省定期推荐鄂伦春族优秀代表担任国家、省、市、县各级人大代表和政协委员，截至 2018 年，共产生各级人大、政协代表委员 48 人。他们积极参政议政、建言献策，与人们平等地参与国家事务的管理，为经济社会发展发挥了积极的作用，对我国现代化建设做出了应有贡献。

（三）经济社会取得较快发展

黑龙江省委、省政府一直高度重视鄂伦春族经济社会发展，省政府在 20 世纪 80 年代曾先后四次专门召开全省鄂伦春族工作会议，专项研究和推进鄂伦春族经济社会事业发展，出台了一批旨在发展鄂伦春族经济社会的政策性文件和专项规划，加大对鄂伦春族地区的扶持力度。“十一五”期间至今，国家和黑龙江省共为鄂伦春族乡村投入少数民族发展资金等达 1.5 亿元，实施了 114 个生产生活项目，使鄂伦春族地区基础设施、公益事业等得到发展。黑龙江省鄂伦春族村全部修建了通村公路，路面硬化率达到 100%，村民住房全部达到砖瓦化，农田机械化耕作率达到 95% 以上。全省鄂伦春族村都实现了通自来水、通电、通有线电视，村村设有文化室、卫生室。鄂伦春族乡都建有中心校，办学条件均居当地之首。2012 年底黑龙江省鄂伦春族乡实现农村经济总收入 9055.6 万元，比“十一五”初期增长 44%，鄂伦春族农民人均纯收入达到 7696 元，比“十一五”初期增长两倍以上。

三　鄂伦春族人口发展面临的主要问题

近年来黑龙江省鄂伦春族虽然取得了较快的发展，但是由于鄂伦春族发展的起点较低，还存在诸多困难和问题，特别是人口发展过程中存在的一些问题，必须引起高度重视。

（一）鄂伦春族人均收入水平较低

黑龙江省鄂伦春族人口大部分生活在农村，多处在边远的山区、半山区，自然条件较差，产业结构单一的问题一直没有得到很好地解决，农业收入成为鄂伦春族群众的主要收入来源。与其他传统农耕民族相比，鄂伦春族在农业生产上缺乏专业技能和管理能力，农业生产仍停留在粗放经营、广种薄收的经营方式上。大多数鄂伦春族乡村农业基础设施薄弱，土地大都处在无霜期短的高寒地区，群众收入水平偏低，经济效益较差。

（二）社会事业发展相对滞后

鄂伦春族地区无论是发展的硬环境还是软环境，都与发达地区有较大差距，大部分乡村依然缺少足够的教育、医疗和文化设施，当地培养的高层次人才毕业后不愿回乡，其他人才又派不进来，传统民族文化保护和开发的人力不足。随着现代化进程的加快，鄂伦春族传统文化受到越来越大的冲击，民族文化的保护与传承工作形势严峻。受经费、人员等制约，鄂伦春族传统民族文化资源的保护、挖掘、开发和利用等工作还有待加强。一些民间艺人都是在各自的小作坊中经营，缺少设计人员和现代化设备，其民间工艺品水平还不高，产品形成不了规模，在市场中所占份额有限。老艺人少，年轻人不愿意学习，优秀的传统民族文化正在慢慢消失。

（三）针对鄂伦春族的优惠政策已不突出

20 世纪七八十年代，党和政府针对鄂伦春族制定了许多优惠的扶持政策。如免除鄂伦春族农民农业税、免除义务教育学费等各项政策。但随着国家支农惠农、发展教育等普惠政策的实施，全国农业税已全部免除，九年义务教育已全面实施等，针对鄂伦春族群众制定的优惠政策已无突出优势。再有，各级政府对社会公共服务和基础设施建设的投入主要向鄂伦春族聚居的乡村投入，影响城镇和其他地区鄂伦春族的发展。

（四）鄂伦春族青壮年人口增长缓慢

对一个人口较少民族而言，人口总量的快速增长，特别是劳动人群的迅速扩大，对于提高人口负担能力，特别是对民族地区的振兴和人口的健康发展将起到重要作用。但是，由于鄂伦春族人口再生产类型转变十分缓慢，正处在增加型向稳定型过渡时期，人口总量经快速补偿性增长后，进入了缓慢的平稳增长阶段，特别是少年儿童和劳动年龄人口增长缓慢，老年人口增长相对较快，这对于一个人口较少民族的经济和人口发展将会产生不利影响。

（五）鄂伦春族人口年龄上存在性别差异，婚姻状况还不够稳定

黑龙江省鄂伦春族15～64岁青壮年人口性别比增幅虽然不是很大，但呈上升趋势，青壮年人口中男性人口比重的偏低，特别是生育旺盛期（15～34岁年龄组）人口中男性人口比重的偏低，对本民族人口的发展是不利的。同时还会带来一些相应的社会问题，如婚配择偶难等，在客观上形成了鄂伦春族年轻女性外嫁的趋势。全国第六次人口普查资料显示，外省的15～64岁鄂伦春族人口性别比明显偏低，为79.48%，表明外省的鄂伦春族人口女性居多。另外，在调查中发现，黑龙江省鄂伦春族人口增长速度缓慢除上述几方面原因外，部分鄂伦春族男性的不良生活习惯（如过度酗酒），也是导致非正常死亡、人口增长缓慢的原因之一。

四　促进鄂伦春族人口及经济社会发展的对策建议

影响鄂伦春族人口发展的原因是多方面的，必须引起相关部门和鄂伦春族群众的高度重视，共同研究解决人口发展中的具体问题，促进黑龙江省鄂伦春族人口健康有序的发展，使人口的增长与经济社会发展相适应。

（一）加大对鄂伦春族经济社会事业发展的支持力度

各级政府要继续加大对鄂伦春族的扶持力度，黑龙江省要尽快制定并出台加快鄂伦春族经济社会事业发展的规范性文件，推动全省鄂伦春族地区经济社会事业跨越式发展。要在政策、资金、项目上向鄂伦春族地区倾斜，省直有关部门要形成合力，共同引导和支持鄂伦春族群众在特色产业、特色养殖、民族手工艺品加工、民族风情旅游等产业上做文章，形成主导产业，扩大经济收益。加大对鄂伦春族卫生事业的支持力度，建议黑龙江省财政适当提高鄂伦春族医疗费补助标准，卫生部门的专项资金要重点向鄂伦春族乡村倾斜。

（二）加大对鄂伦春族社会保障事业的支持力度

切实提高鄂伦春族困难群众基本生活保障水平，建议民政部门研究实施

分类施保、政策性加发低保金等政策措施，由民政部门、财政部门出资建设村级综合公共服务社区，建设“五保家园”，集中供养鄂伦春族五保老人。认真研究和解决鄂伦春族城镇户口待遇问题，对纳入城镇户籍的鄂伦春族群众继续享受鄂伦春族农村居民的同等政策待遇。此外，还应提高鄂伦春族护林员的工资标准。

（三）集中改善鄂伦春族人居环境，加快推进鄂伦春族城镇化建设步伐

60 多年前鄂伦春族实现了下山定居，结束了居无定所的游牧生活，民族发展实现了历史性跨越。目前，随着鄂伦春族社会发展进程的加快，各级政府应考虑鄂伦春族发展的现实需要，加快推进鄂伦春族的城镇化建设步伐，使鄂伦春族迈上民族发展史上的新台阶。

一是在黑龙江省 5 个辖有鄂伦春族乡（村）的市（县、区）的中心城区内，集中省市县乡四级的力量，分别在各市（县、区）城区建设一批鄂伦春族城市聚居区，力争用 3 ~ 5 年时间实现整体搬迁，实现由“下山定居”到“进城发展”的历史性跨越。二是进城的鄂伦春族农户原有的房屋和土地等资产的归属权不变，由当地政府负责监管，进行转租、转包，这些财产性收入归鄂伦春族农户所有。三是黑龙江省政府在教育、医疗和社保方面出台相应的扶持政策，将进城的鄂伦春人纳入统一的城镇医疗和社会保障体系，确保他们与城镇居民享有同等的待遇。四是对进城的鄂伦春人进行统一集中管理，以突出民族特色、展现民族风情为原则，以保护继承民族文化为方向，加快建设特色小区。在当地政府指导下，在特色小区内开发民族文化创意产业，如民族风情旅游、民族特色餐饮服务业等。

（四）提高民族整体素质，加快人口总量持续增长

从人口学角度分析，引起人口数量变化的因素包括自然变动和机械变动。现阶段鄂伦春族人口总量增长缓慢，不考虑其历史的原因，重点应在优生优育、减少非正常死亡等方面采取积极的综合对策，加快鄂伦春族人口总量健康快速增长。在生育方面，要积极鼓励鄂伦春族生育 2 个子女，黑龙江省民族工作部门要协调省计生部门在省级层面对《黑龙江省计划生育条例》（2011 年修订）中的相关条款进行修订，为鄂伦春族生育第二个

子女降低门槛，取消生育第二个子女必须间隔至少 4 年的规定，保证鄂伦春族育龄妇女在最佳的生育年龄段生育子女。对生育第二个子女（或第三个子女）的鄂伦春人，当地政府在生活上要给予补贴，鼓励其优生优育。另一方面，在鄂伦春族人口中，男性人口死亡率（有些是非正常死亡）一直偏高，这也是影响人口总量增长，直接关系到生育水平的一个主要因素。因此，要让鄂伦春族男性公民转变生活方式，彻底改掉酗酒等不良习惯。进一步提高医疗卫生水平，全面提升身体素质，进一步优化鄂伦春族人口结构，以适应民族经济和社会发展需要。

（五）改善生活习惯，促进人口与经济的可持续协调发展

一个民族的生活习惯既有文化的因素，也有地域的因素，这样才能使一个民族慢慢形成独特的生活习惯和文化特征。要引导鄂伦春人学习先进的现代生活方式，注意饮食卫生、环境卫生和生育卫生，彻底摒弃不良的生活习惯。建立和完善鄂伦春族群众定期体检制度，建立重特大疾病救助制度。乡卫生院要为鄂伦春族群众建立健康档案，认真记录每一个人的身体健康情况，为研究鄂伦春族人口情况提供可供借鉴的第一手资料。卫生部门还要组织人员到鄂伦春族乡村，宣讲卫生保健和生育知识。各级政府要加大对鄂伦春族乡村医疗机构建设的投入，加大对医护人员的培训力度。市、县的优秀医生要定期到民族乡医院挂职，把好的医疗技术传授给乡里的医护人员，改变其医疗卫生条件落后的局面，使鄂伦春族群众在良好的生存环境中生产生活，提高他们的保健意识、优生优育意识，形成健康的生育观，以促进鄂伦春族人口产业结构向可持续方向发展。

The Population Development of the Oroqen Nationality in Heilongjiang Province and Countermeasures

Wu Yao

Abstract: The Oroqen people is one of the minorities in the north of China. Since its change to sedentarism in 1953, great changes have taken place in economy and society and the population quality has been approved. Based on the analysis of historical and contemporary data, this article points out problems in demographic development and provides suggestions to promote the economic development of the Oroqen communities.

Keywords: Oroqen; Population Structure; Cultural Level; Occupational Status

现代赫哲族发展研究

——以饶河赫哲族为例*

相　华

摘要： 现代赫哲族多产业并举，在发展经济的同时注重传承保护民族文化，走进新的发展时期，但是其经济社会发展中仍有不足。本文通过对黑龙江省饶河赫哲族聚居区经济社会发展的田野调查，了解赫哲族经济发展的现状，进而分析赫哲族经济发展存在的问题，并提出加快赫哲族经济发展的对策。

关键词： 赫哲族　经济发展　社会事业

作者简介： 相华，黑龙江省社会科学院民族研究所副研究员，研究方向为民族政策和民族文化。

黑龙江省赫哲族借助《"十三五"促进民族地区和人口较少民族发展规划》及各项扶持人口较少民族发展的政策措施，积极发挥特色资源与地域的优势，在经济结构、科学技术、基础设施、文化教育、特色产业等方面取得显著成就。

一　概况

饶河县于1909年建县，位于黑龙江省东北部，边境线长128公里，总

* 本文为国家民委课题"赫哲族率先全面建成小康社会实证研究"（2017－GMB－017）的阶段性成果。本文所用数据材料都来自2018年8月至9月的实地调研。

面积6765平方公里，人口15万人。辖4镇5乡79个行政村，县内有5个国营农场、11个森工林场。县域森林面积34万公顷，县域森林覆盖率51%。县属耕地面积135万亩。饶河县生态环境优良，先后被批准为国家级东北黑蜂自然保护区、国家级生态示范区、欧盟有机食品组织认定的有机食品生产基地、国家珍贵毛皮动物良种繁育基地、国家级“兴边富民”工作重点县。饶河口岸是国家一类全年陆路通关口岸。全县有27个少数民族，少数民族人口为5767人，有1个赫哲族乡和3个朝鲜族村。四排赫哲族乡是全国仅有的三个赫哲族乡之一。

四排赫哲族乡位于饶河县东北部，隔乌苏里江与俄罗斯相望，陆路距饶河县城21.5公里，水路15公里。乡行政区域面积为52平方公里，耕地5.7万亩。全乡人口529户、1786人，其中赫哲族87户、201人。四排赫哲族乡下辖四村（四排赫哲族村、曙光村、平原村、东河村）、一场（国营马架子林场），边境线长12公里。乡政府所在地四排赫哲族村，建于民国初年，赫哲族是这里的世居居民。距四排赫哲族村2公里有明代失儿兀赤卫遗址，是当时的军政机构，赫哲族部族首领万达为该卫指挥。四排赫哲族乡是黑龙江省沿乌苏里江四县（市）率先实现城镇化试点乡和百镇建设试点乡。乡内地势平坦，泡泽密布，多森林、草原。现有耕地土壤结构及基础肥力较好，主产水稻、大豆、玉米、小麦、红小豆等粮食作物以及白瓜等经济作物。水产资源丰富，有1江4河，水域广阔，盛产鲟鳇、鳜、鲑、鲤、鲫等鱼种，其“三花五罗”享誉已久。林木、草原资源亦有相当发展潜力，闻名遐迩的大顶子山就在马架子林场施业区内。

二 饶河赫哲族地区经济社会发展成效

在黑龙江省民委的大力扶持下，饶河县充分利用“兴边富民”行动、扶持人口较少民族发展和特色村镇保护发展等发展规划，抢抓机遇、真抓实干，使全县进入了产业发展稳步推进、经济总量较快提升、民生事业较大改善、群众生产生活水平明显提高的阶段，全县呈现出民族团结、社会稳定、边防巩固的良好局面。

（一）四排赫哲族乡民族经济发展迅速

截至2017年，四排赫哲族乡实施农田水利项目3个、乡村基础设施建设项目8个、农业设施项目4个、生产发展项目6个、文化项目1个，共投入资金1300余万元。仅“十二五”期间，争取政策性资金就累计达到3000余万元，支持了重点项目建设，改善了群众的生产生活条件。通过项目的实施带动，乡村经济和社会事业取得了快速发展，人均收入得到较大提高。2017年，民族乡人均纯收入实现12680元，比2012年增长103%。

1. 农业方面

昔日四排赫哲族乡的民族经济以渔猎为主，四排乡党委、政府紧紧围绕农业增效、农民增收、农村稳定工作目标，按照培育壮大畜牧业、积极发展特色经济的工作思路，积极推进产业结构调整，引导赫哲族渔民上岸从事农耕，构筑了以农渔为主导产业，畜牧、商企、旅游等多业共同发展的发展新格局。强化农业基础设施建设，建成了万亩灌区，引乌苏里江水进行水稻种植，形成了“一水带两水”（引乌苏里江水带动水稻种植和水产养殖）民族经济发展思路。此外，还相继建设完成了大板河治理、西川河清淤、乌苏里江堤坝加固、五排干二号桥等农田水利工程，夯实了农业生产基础。经技术指导和政策资金扶持，先进农业适用技术得到全面普及，赫哲族群众由陌生到熟练，较好地掌握了农业生产技术。农业技术推广取得新进展，扩大水稻播种面积，稳定玉米种植，适当增加经济作物面积。以四排赫哲族村农机合作社为依托，推进土地适度规模经营。全乡土地流转面积达到1万亩。全乡总播种面积5.8万亩，其中水稻28000亩、大豆7300万亩、玉米21000亩、经济作物1700亩。群众在自发的“三笨”养殖基础上，向优质毛皮动物养殖、规模生猪养殖、生态野猪养殖发展。在养殖过程中，逐步形成了养殖新模式。如优质毛皮动物养殖，在脉动优质毛皮动物养殖公司的带动下，各村村民积极参与，由公司提供优质品种，负责饲料供给、技术扶持、产品回收，实现分散养殖统一销售，得到群众广泛认可，实现了与市场的有效对接。

2. 渔业方面

在自然捕鱼的基础上，初步发展了湖泊养鱼和网箱养鱼，走出了一条“以养为主，养捕结合”的新型渔业发展之路。四排赫哲族乡现有捕鱼机挂船只31只，捕鱼水面1.5万亩，捕鱼网滩6处，年鱼产量约7万公斤。捕鱼除供本地“渔家乐”发展旅游餐饮外，还对外销售。因毗邻江畔，水资源丰富，泡泽密布，四排赫哲族乡政府还积极探索人工养殖。现有养殖水域700余亩，由群众承包经营，均取得一定效益。

3. 旅游业方面

赫哲族地区历史悠久，民风淳朴，环境优美，风景秀丽。以民族历史文化为底蕴，以自然风光和人文景观为依托的民族旅游业正蓬勃兴起。四排赫哲族乡积极发展地区民俗旅游，并与多家旅行社建立了联系，为旅游业长足发展烘托了氛围，创造了条件，扩大了交流。同时，通过引导乡政府干部和村民积极学习赫哲族语言和伊玛堪、民族歌曲等方式，彰显民族文化的魅力，深化广大干部群众对民族文化作为旅游业发展底蕴的认识。与此同时，还努力探索民族旅游企业化运营方式，成立了乌苏赫哲景区管理有限公司，通过企业化方式推进旅游业开发。组建嫁令阔民间艺术团，以展现民族歌舞和民俗风情为重点，正式开展旅游演出，对外接待旅游团体，增加旅游收入，增强了地区旅游吸引力。目前，已建成占地 1.2 万平方米的四排赫哲族风情园，年接待游客约 3 万人次。开辟了生态游、风情游、边境游等多条旅游线路，观赏异国风光、畅游乌苏里江、垂钓大雁湖、徜徉马场岛、品尝“江水炖江鱼”，使游客体验赫哲风情。四排赫哲族乡着力提高旅游服务能力和水平，吃住行、游购娱设施完善。现有渔家乐 12 家、渔家旅馆 5 家，捕鱼体验船只 9 只，民族手工艺品坊 3 家。黑龙江省民委投资建设的特色村寨，作为发展旅游业基地开始运营，发挥重要作用。

4. 第三产业方面

第三产业逐步形成规模，在民族经济中所占比重越来越大。乡内现有脉动优质毛皮动物养殖公司、津哲网箱养殖公司、希望生猪生态养殖场、曙光黑蜂场、伊玛堪野猪养殖场、沿江沙厂、獭兔养殖场、宏宇工艺品制作公司、乌苏赫哲渔业公司等企业。与天津天龙药业洽谈，招引该企业入驻四排赫哲族乡进行中药人工种植和初加工。探索建立民族旅游公司，进行旅游服务和景点开发。成立物业公司，负责农民楼区供水、供热等设施的管理和维护，为居民提供优质服务。第三产业的发展转移了富余劳动力，多渠道增加了农民收入。

（二）四排赫哲族乡各项社会事业进步明显

1. 民生保障不断改善

四排赫哲族乡争取资金，为四排赫哲族村文化站配备了音响等文化娱乐设施，文化站已经投入使用。扩建了乡中心校舍，安装了取暖设备，维修了教室，新建了300平方米学生食堂，教育教学环境明显改善。新建300平方米乡文化站，以及4个村“六位一体”办公场所。饶河县政府先后为乡卫生院增添了B超机、X光机等医疗设备，基本上做到了小病不出乡、常见病及时医治，结核病、地方病得到了有效的控制。饶河县医护人员多次到四排赫哲族乡开展义诊，对地方常见病进行诊治。修建了计生服务站，开展多项服务。四排赫哲族乡文教卫生设施逐步完善。

2. 基础设施不断加强

赫哲族群众住房砖瓦化率达到100%，建成了6600平方米赫哲族文化活动广场，购置了健身器材，配备了文化设备。全乡通乡、通村公路全部建成白色路面。自来水普及率以及有线电视、程控和移动电话入户率均达到100%。大力实施“创森”工程，完成2.8公里公路沿线绿化，栽植各类苗木、花草2.5万棵（株）。四排赫哲族村作为市级样板村，完成了新村2800平方米路肩护坡和老区50盏景观灯建设，修建了石砌边沟、过境路水泥栅栏。修建了900延长米的江堤，既起到防洪作用，又增添一道亮丽风景。

3. 城镇化建设不断推进

四排赫哲族乡大力优化环境，继续推进城镇化建设。累计投入7500万元，修建了三横五纵主干线道路4800米，建成了粮食储存、农机停放中心和新型供水、供热排污设施，建设了3万平方米农民住宅新区，将所辖四村屯农民全部回迁，在饶河县率先实现了四村整村搬迁。加快九栋特色村寨装潢工程建设，作为旅游接待基地。积极推进人行道、路灯、小区排水等各项市政工程建设，新增太阳能路灯15盏，路灯总数达到60盏，进一步完善城镇功能，加快四排“卫星城”建设步伐。完善“三供两治”服务，以强化物业管理为切入点，提升供水、供热、排污、卫生、清雪等各项工作能力。为回迁群众提供高质量的市政服务，完成了小区绿化、美化工作。

三　饶河赫哲族地区发展现状分析

（一）发展动力

近年来，饶河县针对农业发展、少数民族安居工程、基础设施建设、特色产业发展等方面积极争取项目资金。在“兴边富民”行动专项资金、扶持人口较少民族发展资金带动下，采取地方匹配、群众自筹、招商引资等办法，以项目带动、以项目兴县。2012～2017年扶持饶河县拨放“兴边富民”行动专项资金4535万元，少数民族发展资金5000万元，先后实施了饶河县四排赫哲族乡集中供热工程项目、饶河县四排赫哲族乡四排赫哲族村文化村改造升级项目、四排赫哲族新村附属工程项目、少数民族特色村寨项目、网箱养鱼项目、四排赫哲族民俗园、四排水上（冬季）旅游项目、旅游工艺品加工等21个项目。筹资3000多万元，在全省率先建设完成四排赫哲族乡现代水稻示范园区及灌区，辐射带动30多万亩水稻基地建设。大力扶持少数民族群众发展网箱养鱼特色养殖业，拓宽了增收渠道。筹资1000多万元建设完成了国家3A级旅游景区——四排赫哲风情园，以此带动民族乡村旅游产业快速发展。引导少数民族群众成立了赫哲工艺品制作坊，成功开发鱼皮工艺品、木雕木刻等旅游纪念品，年产值达100多万元。完成了民族乡村16个农田水利、科技推广项目建设。经过不懈的努力，赫哲族实现了从单一渔业生产到多元特色经济的转变。与此同时，全力争取国家和省民委的资金支持，整合资金1.5亿元建设完成了四排赫哲族新居小区、四排商贸旅游综合体、“时代新城”等项目。“兴边富民”行动专项资金等项目建设推动了饶河县民族乡村经济及县域经济的发展，完善了民族乡村的基础设施建设，促进了少数民族乡村社会事业的发展，取得良好的经济效益和社会效益。一大批重点项目的建设，极大地改善了群众的生产生活条件，增强了发展后劲，对少数民族群众增收致富和推进少数民族乡村产业化进程都具有重要作用。

（二）发展潜力

饶河县赫哲族长期与其他民族交错杂居，赫哲族文化与其他民族文化相互交融，形成了丰富独特的文化类型。这些内在的条件都使得饶河县发展赫哲族民俗旅游具有较大的潜力。四排赫哲族乡在开发赫哲民俗旅游方面具有以下优势。一是四排赫哲族村距离县城22公里，距离大顶子山生态旅游景区7公里，位于全县边境、生态旅游黄金线上。二是国家“兴边富民”行动不断加大对边境和民族地区的基础设施建设投入，饶河县委、县政府确立了“打民族牌、走特色路”的发展思路，《饶河县域旅游发展规划》把少数民族风情旅游作为本地重点旅游项目做了规划，为赫哲族发展旅游业创造了大环境。三是饶河县地处中俄边境，跨国游开发潜力较大。

（三）存在的问题

一是对发展赫哲族文化旅游重视不够，形成合力不够。由于思想认识上的原因，宣传不到位，氛围营造不够，没有真正认识到赫哲族文化旅游的价值，没有把赫哲族文化旅游摆到助推生态旅游的应有的位置上，而使赫哲族文化旅游起步艰难，形不成合力，无法形成体系。

二是对赫哲族民俗文化内涵的挖掘、保护、开发有待加强。赫哲族民族文化是发展赫哲族民俗旅游的根本，现今的民俗旅游缺乏深度，民族风情特色及内涵丰富的民族文化还没有得到充分挖掘。赫哲族在长期的生产、生活中，经历了历史变迁，不仅有特色鲜明的物质民俗文化，还有个性鲜明的社会、精神民俗文化。赫哲族有自己独有的节日、礼仪等，只有融入他们日常生活，了解他们的历史文化，才能从真正意义上认识赫哲族，这不是简单的歌舞和一餐风味饮食所能解决的。目前，赫哲族民族语言逐渐失传，传统节日和节目缺乏专业人才主持和管理，只有将传统民俗文化和现代旅游产业相结合，对民俗文化进行保护开发，才能确保民俗文化的有效传承。

三是民俗旅游针对性规划滞后，软硬件建设有待加强。现今国内外游客的欣赏水平、品位和需求越来越高，要增强旅游产业的生命力，必须要有高端的规划设计。饶河县发展赫哲族民族旅游规划明显滞后，缺乏大胆创新。另外，旅游资源利用不合理，旅游基础设施不健全，旅游产品开发不足，无论是开发规模还是文化品位，都远远满足不了民俗旅游发展的需要，软硬件建设亟待加强。

从目前来看，赫哲族乡村的产业结构还是单一的，即以农业种植为主，而缺少旅游、生产加工等方面的支柱产业。现有几家农家乐及特产加工厂规模小，还没有形成产业。

四　对饶河赫哲族地区未来发展的建议

（一）弘扬民族文化，推进旅游经济发展

以市场需求为导向，以大顶子山自然风光和边境异国风情旅游资源为依托，以建设少数民族旅游精品为重点，全面开发和利用赫哲族民族历史文化、风土人情、生态资源、地缘优势，加快旅游、商贸、生产加工、基础设

施和公共服务建设，将四排建设成为浓缩赫哲族民俗文化精华的多功能旅游名区。充分利用“十三五”规划的机遇，在诸多领域开发建设适合本地区经济发展的项目，加快边境少数民族地区经济和社会事业发展。在发展赫哲族旅游产业中，人才是关键。饶河县委、县政府要加强对赫哲族旅游产业的领导，要重视对人才的挖掘、培养、引进。特别引进对民族文化研究深、造诣高的文化旅游设计方面的人才，建立民族旅游人才库。同时，利用多种渠道培养一批年轻的赫哲族文艺人才。加大对民族学校的扶持力度，在赫哲族聚居地区学校设民族班，鼓励和指导开展双语教学和赫哲族歌学唱等活动。

（二）优化发展环境，完善美丽乡村建设

加强大板河湿地公园建设，保护好生态环境，将其建设成为自然生态公园，成为生态、人文相得益彰的景点景观，延伸旅游产业链条。加强大板河和西川河治理，夯实基础设施，加强沿江护岸绿化，避免水土流失，为沿江生态游览奠定基础。加强四排人工绿化，使其成为森林中的美丽村落。改善村屯环境，实现机械化管理，实施网格化和常态化卫生保洁，加大消防设施投入，进一步规范消防工作，为楼区居民提供安全保障，消除安全隐患。

（三）提高民生水平，推动各项社会事业发展

进一步加强敬老院建设，为老人群体提供优质服务，提升幸福指数，实现老有所养，老有所依。实现社区管理，规范城镇化管理方式，满足搬迁群众生产生活需要。完善城镇化医疗服务，促进人口集聚后的医疗发展，实现居民小病不出乡。建设中心学校，增加民族文化教育内容，制定优惠政策，和外埠院校联合，进行定点教育。建立公共服务区，健全城镇服务功能，为发展提供高水平的服务。

（四）建设外向型和特色型基地，发展优势产业

饶河县拥有国家一类口岸，要依托口岸的优势，走“内建特色基地、外拓多元市场”的路子，加快地方经济发展。以口岸和对外经贸为牵动和依托，发展对俄蔬菜种植和出口，实现传统农业向外向型农业发展。同时利用国家支持粮食主产区的扶持政策，加强外向型和特色型基地建设。依托乌苏里江水源充沛、自然生态环境较好的优势，改变传统粗放生产方式，向集约生产方式转变。完善农业设施，实现丰产丰收，同时也为发展观光农业奠

定基础。加强区域农业合作，共同发展现代农业，实现优势互补，互利共赢。以四排赫哲族乡脉动公司为依托，开展毛皮加工，在吸纳就业的同时，带动养殖业发展。依托大雁湖的优势，建立以名特优鱼养殖为主的特色养殖基地。开发大顶子山区域内绿色林木林地资源，探索北药规模种植，为林业发展拓展新的空间，实现产业化经营和林业经济新的发展。

（五）思想上予以重视，工作上形成合力

要充分认识发展民族风情文化旅游对经济的推动作用，把它摆到发展民族经济的重要位置。组织饶河县财政、民委、旅游、住建、规划、交通等部门和四排乡政府负责人落实责任制，形成工作合力。

Research on the Development of Modern Hezhen Nationality
—*the Example of the Hezhen in Raohe Area*

Xiang Hua

Abstract: While developing economy, Hezhen people also pay attention to inherit and protect their traditional culture. However, there are still some shortcomings in the economic and social development of this group. Based on some field work among the Hezhen of the Raohe County of Heilongjiang Province, the author analyzes the problems of economic development of this group and discusses the countermeasures.

Keywords: Hezhen People; Economic Development; Social Cause

达斡尔族人口变迁与民族发展

钱　程

摘要： 达斡尔族主要分布在内蒙古自治区、黑龙江省、新疆维吾尔自治区，2010 年这三个省、自治区达斡尔族总人口占全国达斡尔族总人口的 92.48%。达斡尔族人口分布的变迁呈现既有稳定性又有活跃性的态势，由聚居地方向外扩散、散居分布较广，达斡尔族人口分布与聚居地方社会经济发展、受教育程度、职业分布都有一定的关系。

关键词： 达斡尔族　人口分布　改革开放

作者简介： 钱程，内蒙古自治区社会科学院民族研究所助理研究员，研究方向为民族理论与政策。

达斡尔族是我国北方少数民族，主要分布在内蒙古自治区、黑龙江省、新疆维吾尔自治区等地。实行改革开放和现代化建设以来，达斡尔族人口发生了很大的变迁，一个民族的人口变化与民族经济、社会、文化发展有着密切的联系。本文从达斡尔族人口地域分布、人口受教育程度、人口的职业状况、人口的城镇化等几个方面来阐述达斡尔族人口变迁及其所反映的民族发展状况。

一　达斡尔族人口地域分布更广

根据 2010 年全国第六次人口普查数据，我国达斡尔族总人口为 131992 人。1982 年到 2010 年，达斡尔族总人口增长了 37866 人，同比增长了40.23%。增长趋势由快速增长转变为缓慢增长，现已出现下降趋势。

表1 1982～2010年四次人口普查各省（直辖市、自治区）达斡尔族人口分布情况

单位：人

年度 省（直辖市、自治区）	1982年	1990年	2000年	2010年
内蒙古自治区	58628	71484	77188	76255
黑龙江省	30246	42319	43608	40277
新疆维吾尔自治区	4359	5405	5541	5536
辽宁省	182	526	1282	1858
北京市	213	313	853	2043
河北省	60	235	705	962
山东省	23	143	541	960
吉林省	118	391	490	587
天津市	54	127	353	629
上海市	16	28	172	449
广东省	1	8	158	411
云南省	5	9	152	294
河南省	33	125	144	122
贵州省	0	7	120	32
湖南省	0	3	116	39
甘肃省	10	52	115	95
江苏省	9	48	103	283
安徽省	18	26	93	77
山西省	20	32	92	85
陕西省	20	29	75	93
四川省	32	41	73	124
浙江省	12	22	69	204
广西壮族自治区	40	20	60	83
海南省	0	5	55	58
江西省	7	13	52	57
青海省	12	19	47	26
重庆市	—	4	47	118
湖北省	8	19	37	92
宁夏回族自治区	0	6	26	42
福建省	0	4	24	96
西藏自治区	0	0	3	5
合计	94126	121463	132394	131992

资料来源：根据《中华人民共和国人口统计资料汇编1949～1985》（中国财政经济出版社，1988）、《中国民族人口资料》（中国统计出版社，1994）、《2000年人口普查中国民族人口资料》（民族出版社，2003）、《中国2010年人口普查分民族人口资料》（民族出版社，2013）制作。

从表 1 可以看出，1982 年全国有 6 个省、自治区和直辖市没有达斡尔族人口，到 1990 年全国只有西藏自治区没有达斡尔族人口，1982 年与 1990 年相比，达斡尔族人口增加了 27337 人，同比增长 29.04%；1990 年与 2000 年相比，人数增加了 10931 人，同比增长 8.9%。从 2000 年和 2010 年全国人口普查数据看，全国各省、直辖市、自治区都分布有达斡尔族人口；与 2000 年相比，2010 年达斡尔族人口减少 402 人，同比下降 0.3%。2010 年全国第六次人口普查数据显示，达斡尔族传统聚居区内蒙古自治区、黑龙江省、新疆维吾尔自治区达斡尔族人口虽有所减少，但仍然是达斡尔族人口分布最多的地区，占达斡尔族总人口的 91%。达斡尔族人口在 2000 人以下 100 人以上的有 14 个省和直辖市，分别是北京市、辽宁省、河北省、山东省、吉林省、天津市、上海市、广东省、云南省、河南省、江苏省、四川省、浙江省和重庆市；达斡尔族人口最少的是西藏自治区，人数为 5 人；其余省份为 100 人以下 10 人以上。在我国 2874 个区、县（市）当中，2000 年有 1192 个区、县（市）有达斡尔族人口分布，在 2010 年有 1795 个区、县（市）有达斡尔族人口分布，占全国区、县（市）的 62.4%。经济社会较发达的北京、天津、上海、广东、江苏、浙江、重庆、福建等省、直辖市，达斡尔族人口增长幅度较大。

二 达斡尔族人口受教育程度持续提高

据全国人口普查数据，1990 年达斡尔族 15 岁及以上人口中文盲、半文盲人口是 7806 人，占同龄人的 10.03%；2010 年达斡尔族 15 岁及以上人口中文盲、半文盲人口是 947 人，占同龄人的 0.87%（见表 2）。20 年间下降了 9.16 个百分点。1990 年达斡尔族人口受教育程度为高中 11806 人、中专 4076 人、大专 2380 人、大学本科 1429 人，到 2010 年达斡尔族人口受教育程度为高中 21767 人、大专 11807 人、大学本科 9132 人、研究生 678 人，受中高等教育人口数量和比重都有较大的增加。

达斡尔族历来重视文化教育，其受教育程度始终排在全国少数民族前列。1982 年，达斡尔族人口高中学历占 10.53%，2010 年占 17.85%，增长了 7.32 个百分点。1982 年大学以上学历的达斡尔族人口占 1.58%，高出同时期全国 0.98 个百分点；2010 年为 17.17%，增长了 15.59 个百分点，高出同时期全国 7.98 个百分点。

表 2 全国和达斡尔族人口受教育程度比重比较

单位：%

文化程度	1982 年		1990 年		2000 年		2010 年	
	达斡尔族	全国	达斡尔族	全国	达斡尔族	全国	达斡尔族	全国
文盲、半文盲	17.82	31.87	10.03	15.88	3.67	6.72	0.87	4.08
小学	33.17	35.37	42.3	52.24	30.97	38.18	20.99	28.74
初中	23.53	17.75	26.84	33.37	39.74	36.51	42.26	41.7
高中	10.53	6.63	13.09	11.39	17.96	11.95	17.85	15.02
大学	1.58	0.6	3.14	2.0	7.51	3.72	17.17	9.19

说明：1982 年文盲、半文盲比重为 12 岁及以上人口的比重，1990 ~ 2010 年文盲、半文盲比重为 15 岁及以上人口的比重。

资料来源：根据《中国少数民族教育史》（第一卷）、《中国民族人口资料》（1990 年）、《2000 年人口普查中国民族人口资料》、《中国 2010 年人口普查分民族人口资料》制作。

三 达斡尔族就业人口的职业、行业稳中有变

1982 年第三次人口普查达斡尔族人口职业分布数据显示，全国达斡尔族农、林、牧、渔业劳动者就业人数占全部就业人口的 45.46%，工业就业人数占就业人口的 12%，流通部门就业的人数占就业人口的 11%，生产生活教育文体服务部门就业人数占全部就业人口的 13%，社会公共服务部门中就业人数占总人数的 9.7%。1990 年，农、林、牧、渔业劳动者就业人口的比重略低于三普，工业中就业的人口比重比三普时上升 1.8 个百分点，流通部门比三普时仅仅高出 0.4 个百分点，生产生活教育文体服务行业下降了 1 个百分点，社会公共服务部门中就业的人口与三普时几乎相等。2000 年，达斡尔族人口农、林、牧、渔业就业人数占全部就业人口的 52.19%，国家机关、党政机关和社会团体就业人数占全部就业人口的 8.2%，批发零售贸易和餐饮业就业人数占全部就业人数的 7.8%，教育、文化艺术及广播电影电视业就业人数占总就业人数的 7.5%，相比较前两次的行业比重，除第一产业外，达斡尔族人口就业的结构已发生变化。2010 年，达斡尔族人口农、林、牧、渔业就业人数占全部就业人口的 51.55%，下降了 0.64 个百分点，居全国达斡尔族总就业人口第一，公共管理和社会组织就业人数占全部就业人口的 8.0%，从事教育行业的就业人数占全部就业人数的 6.2%，批发和

零售业就业人数占全部就业人数的6.1%。从第五次、第六次人口普查数据来看，近20年达斡尔族人口就业结构趋于稳定，没有明显的变化。

1982年到2010年，国家机关、党群组织和企事业单位负责人占比从5.57%下降到2.39%，专业技术人员在13.67%~16.4%区间内，办事人员和有关人员从5.82%增加到8.56%，生产、运输及有关工人占比从18.35%明显下降到10.43%（见表3）。1982年，农牧林渔劳动者所占比重最大，其次是生产、运输及有关工人，专业技术人员居第三位。1990年第四次人口普查时，专业技术人员、办事人员和有关人员、商业服务业人员所占比重都有所增长，但是增长的幅度不大。2000年，农牧林渔劳动者的比重大幅度上升，生产、运输及有关工人比重减小。2010年，除农牧林渔劳动者外，专业技术人员和商业服务业人员占较大比重。

表3 历次人口普查达斡尔族就业人口的职业结构比重情况

单位：%

	国家机关、党群组织、企事业单位负责人	专业技术人员	办事人员和有关人员	商业、服务业人员	农牧林渔劳动者	生产、运输及有关工人
1982年	5.57	16.4	5.82	7.78	45.46	18.35
1990年	5.12	17.02	6.45	9.45	45.17	16.42
2000年	3.68	13.23	7.96	10.73	52.19	12.1
2010年	2.39	13.67	8.56	13.27	51.55	10.43

说明：2000年、2010年达斡尔族职业人口属于长表，长表为抽样数据。

资料来源：第三、第四、第五、第六次全国人口普查数据。

四 达斡尔族城镇人口发展较快

从实行改革开放到20世纪90年代之前，随着我国经济体制的改革和经济社会的发展，达斡尔族城镇人口增长较快，是达斡尔族人口数量增长最快的时期，也是达斡尔族人口主要聚居地城镇化快速发展的时期。从20世纪90年代到21世纪之前，我国的城镇化得到全面推进，这一时期达斡尔族人口缓慢增长，人口流动缓慢。在城镇化进程中，我国少数民族人口分布呈现散居化的趋势。随着城镇化的进一步发展，达斡尔族人口分布将更加广泛，民族交往也将更加紧密。① 在2000年第五次全国人口普查时，达斡尔族人口已分布于全国各省、自治区和直辖市。尽管达斡尔族总人口呈下降趋势，但也从侧面说明部分少数民族人口从传统聚居地区流出，分散到全国各地，从而使少数民族人口分布的散居化趋势进一步增强。

达斡尔族已经成为我国城镇化水平较高的民族。1982年达斡尔族城镇人口仅占达斡尔族总人口的6.18%，低于当时全国城镇人口占总人口21.13%的比重。1990年，达斡尔族城镇人口占比已达到57.68%，高于同期全国城镇人口和少数民族城镇人口26.41%和16.36%的比重，在全国各民族中排第四位。2000年，达斡尔族城镇人口占比为52.25%，高于同期全国城镇人口和少数民族城镇人口36.22%和23.35%的比重，在全国各民族中排第六位。2010年，达斡尔族城镇人口占比为57.58%，高于同期全国城镇人口和少数民族城镇人口52.1%和32.84%的比重，在全国各民族中排第八位，已经成为我国56个民族当中城镇化水平较高的民族。

改革开放四十多年来，达斡尔族人口的变迁呈现既有稳定性又有活跃性的态势。达斡尔族绝大多数人口分布于达斡尔族聚居地方所在的内蒙古自治区、黑龙江省、新疆维吾尔自治区，较大规模的聚居体现了达斡尔族人口仍稳定地分布在原聚居地方；达斡尔族人口多以农牧林渔业为主要生产生活来源，达斡尔族人口受教育程度呈稳定增长趋势，体现了达斡尔族人口变迁的稳定性。达斡尔族人口由聚居地方向外扩散、散居分布较广；达斡尔族人口向第三产业转换的人口数量增长较快，体现了达斡尔族人口变迁的活跃性。

Daur Demographic Changes and Its Social Development

Qian Cheng

Abstract: The Daur population is mainly distributed in Inner Mongolia Autonomous Region. Heilongjiang Province and Xinjiang Uygur Autonomous Region. In 2010, the Daur population of these three regions accounts for 92.48%. In addition, the Daur peoples are distributed in 31 provinces,

① 毅松、娜仁其木格：《达斡尔族人口分布状况及特点》，《黑龙江民族丛刊》2015年第2期。

municipalities, and autonomous regions in China. The changes of the population distribution of the Daur ethnic group are stable but also active. The population distribution of the Daur ethnic group has a relationship with the social and economic development, educational level, and job distribution.

Keywords: Daur; Demographic Distribution; Reform and Opening Up

学术动态

爱德华·萨丕尔《印支语与纳得内语比较词典》的编校

〔德〕迈克尔·克努佩尔

（孙厌舒　译）*

本文拟研究爱德华·萨丕尔（Edward Sapir）与其老师弗朗兹·博厄斯（Franz Boas）所著《印支语与纳得内语比较词典》，该手稿保存在美国费城哲学学会博厄斯纪念馆。

一般认为，爱德华·萨丕尔在 1915 年的著名文章《纳得内语概要》中第一次使用纳得内语（Na-Dene）这一称谓，① 并且最先整理了阿萨巴斯加语（Athapaskan），推测纳得内语［包括海达语（Haida），但不包括埃亚克语（Eyak）］的继承关系。② 事实上，萨丕尔关于纳得内语研究的许多成果鲜为人知。③ 基于 19～20 世纪其他学者的卓越贡献，萨丕尔不仅论证了纳得内语和印支语（汉藏 + 泰语）之间的关系，而且还把他关于这一课题的研究成果编撰成一部比较词典。目前为止，这部词典几乎没有引起人们的注意，甚至该领域的学者也未注意到这部词典。④

相关资料目前保存在费城美国哲学学会图书馆（APS）的弗朗兹·博厄斯美国语言学资料库中。有关汉藏语系与纳得内语的比较手稿于 1920 年前

---

* 〔德〕迈克尔·克努佩尔（Michael Knüppel），聊城大学北冰洋研究中心教授；孙厌舒，聊城大学外国语学院副教授。

① Edward Sapir, The Na-Dene Languages. A Preliminary Report. *AmA* 17, 1915, pp. 534－558.

② 严格来讲，历史和比较语言学并不认可“重构”，只认可“构建”。

③ 关于萨丕尔的比较研究，目前只有 A. S. Kaye 进行了研究［Kaye, Alan S.: Distant Genetic Relationship and Edward Sapir. *Semiotica* 91（3－4）, 1992, January 1992, 273－300］。

④ An Article of J. D. Bengtson［Bengtson, John D.: Edward Sapir and the“Sino-Dene”. 选自 *Anthropological Science* 102（3）, 1994, pp. 207－230］.

后问世，是萨丕尔四卷本手稿《纳得内语比较词典》的第二卷，[①] 收录在AMs, 4v Na 20a.3 部分。[②] 这部《印支语与纳得内语比较词典》[③] 包含500多份文件，对汉藏语系进行了分类，并比较了汉藏语系与纳得内语的“对等词”。[④] 其中，汉藏语系被分为三个主要类别［萨丕尔只使用了印支语（Indo-Chinese）一种说法。“汉藏”（德语 sino-tibétain）一词由让·普齐鲁斯基（Jean Przyluski，1885－1944）于1924年最先使用，1952年（或略早一段时间）被沙费尔（R. Shafer）使用后广为流传］：中国语、暹罗语和藏语，每种语言包括直接对应的语言，即汉语、泰语和藏地语。[⑤] 纳得内语分为阿萨巴斯加语分为特灵吉语（Tlingit）和海达语。在大多数同时代人意识到其价值之前，萨丕尔就着手研究汉语和阿萨巴斯加语语言形式上的关系问题。对当时或较早的汉语的研究，大多取自高本汉（B. Karlgren）的著述。[⑥]

这一资料引起的关注较少，到目前为止还未见有学术著作和论文发表。在过去的几年甚至几十年里，本课题负责人是唯一对《印支语与纳得内语比较词典》进行过较详细研究的人。[⑦]

一些同行可能会认为萨丕尔的材料缺乏价值，因为今天的研究状况与20世纪20年代已有很大不同。在我们这个时代，探讨纳得内语和汉藏语的关系处在学术研究的边缘，一些人甚至认为这些材料似乎已经过时。抛开这些异议，这些材料对于比较语言学的历史研究显然具有一定的意义。萨丕尔对纳得内语与汉藏语系可能存在遗传关系的推测意义重大，以往关于纳得内语的研究都没有对材料进行比较，也没有吸收现有的研究成果。例如，萨丕尔把叶尼塞语纳入他的研究之中，这在今天关于纳得内语与叶尼塞语比较的研究背景下是相当有趣的（无论是否相信有这样一个语族存在）。[⑧] 除此之

① 参见《阿萨巴斯加语词典》。

② Kaye，“497－3，B 63c，Na 20a.3（Part 2－Film 1324）”［Kaye（1992），282］.

③ 参见APS馆藏中第四卷。“Indo-Chinese”一词由Bengtson首先使用（1920年）［Bengtson（1994），208］。

④ Robert Shafer，Athapaskan and Sino-Tibetan，*IJAL* 18（1），Jan. 1952，pp. 12－19。

⑤ 萨丕尔编撰比较词典时，泰语属泰语族或印支语族，至少对属于这一语族无异议。

⑥ Bernhard Karlgren，*Analytic Dictionary of Chinese and Sino-Japanese*，Paris，1923.

⑦ Michael Knüppel，Zu Edward Sapirs “*Comparative Dictionary of Indo-Chinese and Na-Dene*”，*Journal of Oriental and African Studies* 21，2012，pp. 41－57.

⑧ Michael Knüppel，Jenissejisch-sino-tibetische Anmerkungen bei Robert P. Austerlitz. Németh，Michał/ Podolak，Barbara/ Urban，Mateusz：*Essays in the History of Languages and Linguistics. Dedicated to Marek Stachowski on the Occasion of His 60th Birthday.* Kraków 2017，pp. 351－355，354.

外，萨丕尔还是第一批研究纳得内语遗传关系问题的学者之一。在他之前，语言学家和民族志学家经常通过比较词法和语义（有时是音韵和形态），有时也会使用词根词源学进行研究。此外，前面提及他的 1915 年的论文是对阿萨巴斯加语形式结构（重构）的最详细的记述。

本课题拟全面研究萨丕尔的比较词典的相关资料，从批评性视角出发，对《印支语与纳得内语比较词典》进行完整的编校。其中，第一卷将完整收录汉藏语和纳得内语的比较资料，并附有详细介绍、注释以及关于两种语言的比较表格。在引言中，将阐述目前研究的状况，并以当代相关研究为对照，评估萨丕尔比较研究的价值。本研究遵循历史文献学标准，分别收录历史语言学材料和民族志材料。包括引入俄语档案中关于西伯利亚和阿拉斯加的历史资料，尤其是第二次勘察和探险家的调查，例如旅行家斯特勒（G. F. Steller）、格梅林（J. G. Gmelin）、费希尔（J. E. Fischer）、格哈德·弗里德里希·穆勒（Gerhard Friedrich Müller）等人的记录。也就是说，本研究既基于历史语境进行评论，也包括对文本的修订和各种细节问题的处理，例如图书的保护状态，手稿和打印稿的结构，断行和整字换行的意义，手写部分和删除部分的整理等（必要时，以脚注形式进行具体说明）。

芬兰拉普兰大学北冰洋中心

〔意〕丹妮拉·托马西妮*

（赵键　李娜 译）

一　中心简介

罗瓦涅米（Rovaniemi）是芬兰乃至国际上的北冰洋研究重镇，以位于市中心的拉普兰大学（University of Lapland）北冰洋中心而闻名。中心成立于1989年，以针对北极地区环境变化与影响而进行的多学科综合性研究为特色。中心设有北极全球气候变化研究所、北极可持续发展研究所和北方环境与少数民族法律研究所，在欧盟的资助下主导并参与众多北极国际化研究和推广项目。中心设有享誉世界的科学展览馆，在推广和交流方面具有丰富经验。中心建有巴伦支欧洲－北极地区官方的信息系统，包括庞大的极地合作网络，目前中心有50余名工作人员，包括来自世界各地的专家。

中心与世界各地相关研究组织建立广泛的多学科合作，目前已与中国－北欧研究中心（CNARC）建立联系。中心加入欧洲极地委员会，是欧洲很多国家极地项目的主持和合作研究成员。2017年预算为630万欧元，外部资金占30%，用来与欧洲极地委员会和巴伦支欧洲－北极理事会合作。

中心与拉普兰省博物馆均设在阿克蒂库姆大楼（Arktikum House）。中心和博物馆以互动的方式推介北极研究成果，为不同的受众组织活动，介绍北极研究信息，组织研究者进行交流。2007～2017年，来自海外的参观者从88049人次增长到2107238人次。多学科研究的相关成果获得了国际认

---

* 〔意〕丹妮拉·托马西妮，聊城大学北冰洋研究中心教授。赵键，阿拉斯加大学人类学系博士生；李娜，上海大学人文学院硕士生。

可，增强了各领域研究者和公众对北极的认识和了解。

中心重视北极地区政策和可持续发展战略，在自然环境和社会研究之间进行新的多学科和跨学科实践，关注人类和自然的相互作用，促进北极、亚北极以及北方地区国际化。中心研究项目涵盖多个领域，包括可持续发展、全球气候变化、北极人类学、北极治理等领域。

中心目前已出版约 200 种出版物，开设博客：北方政治经济（lacris. ulapland. fi）、北极人类学（arcticanthropology. org）。

二　研究特色

北冰洋中心下辖 3 个主题研究所。每个研究所由一名教授领导，成员包括教授、高级研究员、普通研究人员和博士生。研究工作通过多学科调查和问题导向的项目来实施。

北极全球气候变化研究所研究日益增多的经济活动对北极地区生态、环境和社会的影响，关注自然科学，并利用冰川学和数学建模分析气候变化，强调北极地区资源、工业发展和相关基础设施的影响。

北极可持续发展研究所通过社会科学研究，致力于解决国际政治环境、经济、社区适应和脆弱性、地方知识、身份认同以及社会影响评估问题。通过中心的北极土著人和萨米研究办公室协调土著问题研究，并且积极参与北极地区非土著人口的研究。

北方环境与少数民族法律研究所重点关注法律问题，开展环境法、人权法、北极的国际条约和章程以及涉及北极土著民的土地法的研究，同时也开展环境影响评估业务。

中心设有研究生院，重点研究现代化与气候变化对北极地区环境与社会的影响，通过在南极行动来开展双极研究，近三分之一的学生来自其他国家。

中心优先考虑提供、普及和可视化科学成果，以供决策者使用，并与欧洲极地委员会、巴伦支欧洲－北极理事会、各部门以及区域和当地利益相关者积极沟通交流。中心通过科学展览、科学交流（其活动基于互联网）、北极图书馆（供科学家与公众使用）、公开讲座、校际合作来向公众传达信息，向国内与国际媒体提供北极研究成果。

中心参与并且密切关注欧洲极地委员会、巴伦支欧洲－北极理事会的工作以及欧盟北极和北部方面的政策。中心也活跃在国际北极组织中，比如国际北极科学委员会、国际北极社会科学协会、美国北极研究联合会、联合国环境规划署（UNEP）、格里德－阿伦达尔协会和欧洲极地委员会。

中心的研究范围包括近北极，特别强调芬诺斯坎底亚地区（芬兰、挪威、瑞典、丹麦的总称），开展在南极、阿尔卑斯山和其他高纬度高海拔以及人口稀少地区的研究。由于该中心极为临近俄罗斯，已经与俄罗斯形成了长期的合作传统。

中心与拉普兰大学其他学院合作，加强多学科研究，中心重视研究成果的质量把关，周期性对项目进展进行评估。

三　2020 年的研究计划

急剧的环境变化和巨量的自然资源已经使得极地地区成为全球关注的焦点，这为中心带来了重大挑战和机遇。中心研究北极地区自然与社会环境的变化并寻求此类问题的答案，例如：北极地区的自然、生态、社会、文化、政治、法律等发挥了怎样的作用？现在与将来的发展趋势是什么？这些进程与趋势是如何影响到南极地区与其他相关地区的？北极持续变化的直接和间接影响是什么？是什么让北极的自然环境、生态系统、民众和社区变得有弹性或容易受变化的影响？北极的生态系统、民众、社区和一些机构如何应对这些变化？这些社区和机构必须具备哪些能力和方法来适应或减轻这些变化的后果，以及如何推进这些进程？维持北极社会－文化－经济系统的连续性的决定因素是什么？在哪些条件下，它们能够适应外部对其自然和社会环境的压力而不丧失其独有的特色？如何将当地和传统的知识与现代科学和政治背景相结合？

中心目前正在研究的项目包括：气候变化是否为影响北部欧亚大陆游牧民生计的主要因素；如何帮助北极地区工业城市的年轻人建立可持续发展社区；土著民的权利；北部人民面临日常生活数字化的挑战；等等。

2020 年，中心的主要任务是从事关于北极和南极地区的相关研究、学生教育、科学交流等活动。继续与北极土著民、当地的居民和该地区的利益相关者进行对话，致力于开展高质量的国际化和多学科研究。主要目标是解决北极和非北极人民、机构和社区广泛关注的、紧迫的社会和环境问题，为北极和北方地区的可持续发展、环境保护以及保护社会、文化和生物多样性提供帮助。在分析国际政策的同时，中心兼顾当地和区域性的需求。中心将继续开展支持环境影响评估的研究，包括社会和战略影响评估。中心研究人员来自不同的研究领域、国家、文化和语言背景，在北极区域研究领域具有得天独厚的条件，并且研究路径具有多学科和国际化特色。中心致力于成为拉普兰与巴伦支海地区可持续发展的研究中心，成为吸引来自全世界学者的一流国际科学研究机构。

（齐山德 审）

芬兰拉普兰大学北冰洋中心外景

聊城大学北冰洋研究中心曲枫教授访问拉普兰大学北冰洋中心。右为拉普兰大学北冰洋中心主任提摩·科伊武罗瓦教授（**Professor Timo Koivurova**），左为中心研究员安娜·斯达姆勒－戈斯曼博士（**Dr. Anna Stammler-Gossmann**）。

聊城大学第二届北冰洋研究论坛

——中国近北极民族研究高端论坛综述

〔德〕迈克尔·克努佩尔*

（齐山德　译）

2019 年 3 月 16 ~ 17 日，由聊城大学主办的第二届北冰洋研究论坛——中国近北极民族研究高端论坛在聊城大学举行。会议开幕式由聊城大学北冰洋研究中心（ASC）主任曲枫主持，聊城大学校长王昭风教授和历史文化与旅游学院院长李增洪教授出席并致辞，北冰洋研究中心主任曲枫和论坛的联合组织者中国社会科学院的王伟分别致欢迎词。中国社会科学院民族学与人类学研究所研究员刘晓春、内蒙古自治区社会科学院研究员白兰、黑龙江大学社会学系教授唐戈、中央民族大学民族学与社会学学院教授祁进玉、内蒙古师范大学民族学人类学学院教授何群、杭州师范大学人文学院教授林航受聘为聊城大学兼职教授。

本次论坛从民族生态、文化边界、地区发展、民族信仰、民族艺术等角度对"近北极民族"相关问题进行了讨论。与会学者还讨论了中国近北极民族的文化遗产、文化变迁、文化认同、文化传承、跨文化比较等问题。

一　民族生态

内蒙古自治区社会科学院副院长毅松研究员以达斡尔族为例，探讨了文化变迁、传统文化的传承以及农业生态问题。内蒙古自治区社会科学院白兰

* 〔德〕迈克尔·克努佩尔（Michael Knüppel），聊城大学北冰洋研究中心教授。

研究员的发言情感充沛，提出“文化·地域·猎人＝生态”既是观念更是实践的观点，指出斯堪的纳维亚半岛的部传播到楚科奇半岛的文化传播路径，并探讨了关于文化传播与所居住地区的环境之间的关系。

中国社会科学院民族学与人类学研究所刘晓春研究员探讨了居住在中俄边界两端的鄂伦春人不同的生活方式，强调居住在俄罗斯的这一群体仍然以驯鹿的繁殖和狩猎为生计基础，而生活定居的中国鄂伦春人则主要从事农业生产。中国鄂伦春族狩猎文化有着十分珍贵的历史价值、社会价值、文化价值、伦理道德价值、审美价值、宗教价值、文学价值、生态价值和经济价值，它是人类精神文化和物质文化中不可缺少的重要组成部分，是世界文化遗产的重要内容之一，是北半球渔猎民族的活化石，是中国认识和了解北极文化的重要窗口。

内蒙古师范大学何群教授的发言《能否平等对话：小民族与大社会自然资源竞争——主要基于中国东北狩猎、渔猎社会的实地调查》，从狩猎文化形成和维持的环境条件出发，围绕小种族和大社会发展的平衡问题提出形成、维持于特有自然环境、社会环境条件之下的小民族文化对外交往的过程和形态；强调狩猎文化简单性的特点，交往过程不仅存在文化吸收和交流，也存在冲突。

此外，杭州师范大学林航教授通过梳理敖鲁古雅鄂温克人的历史发展脉络，解析敖鲁古雅鄂温克人生活方式的改变和其与驯鹿间关系的变迁，由此探讨不同时期鄂温克人对驯鹿生物特性的认知和文化含义的理解，思考环境变化与民族文化适应性和延续性的紧密联系。南京大学博士候选人张雨男在《节奏与变迁——一个鄂伦春村庄的民族志研究》的发言中，谈到了鄂伦春人从狩猎到农业的文化变迁，并强调了传统生活方式与源于这种变化的“非常规节奏”之间的困境。南京理工大学马惠娟博士则以敖鲁古雅鄂温克族为个案，探讨当今小民族的生存状况。认为部分鄂温克人的认同呈现多面的样态，而这一样态的产生同生境变迁、政策引导、传媒以及学术介入等多方面因素密切相关，是族群精英与上述各方因素共同磋商卷入的过程与结果。

二　文化边界与地区发展

黑龙江大学唐戈教授提出，“北方通古斯人”是一个为国际学术界所广泛使用的族群分类概念，这个概念早在苏联、中国和蒙古国等国进行民族识别之前即已为学术界提出并使用。他认为北方通古斯人作为一个族群包括后来因为民族识别而被官方承认的三个民族，即鄂温克（埃文基）、埃文和鄂伦春。其中鄂温克（埃文基）是跨俄罗斯、中国和蒙古国的跨界民族，埃文是俄罗斯独有的民族，鄂伦春是中国独有的民族。他的主题发言《中国近北极民族北方通古斯人文化变迁综论》还探讨了其中一些群体从游牧方式到半游牧方式转变的原因。

中央民族大学祁进玉教授做了《东北亚文化经济共同体与跨文化比较研究》的专题发言，强调在全球化的背景下充分发挥东北亚地区丰富的文化资源和文化历史传统的作用，增进区域内族群/民族间彼此的接触和交流，增强跨国文化认同的感召力，构建东北亚“文化经济共同体”有着十分重要的理论和现实意义，同时探讨了东北亚国家在北极地区的关系和未来合作的可能性。

此外，黑龙江省社会科学院副研究员吴瑶介绍了鄂伦春族人口发展的历史与现状，探讨了鄂伦春人口发展中存在的问题，并提出促进其人口及经济社会发展的对策。黑龙江省社会科学院副研究员相华利用在饶河地区赫哲族聚居地实地调查获得的资料，介绍了赫哲族社会发展的基本情况。内蒙古自治区社会科学院金洁介绍了改革开放 40 多年达斡尔语语言资源积累取得的成就，并探讨进一步有效积累、合理利用达斡尔语语言资源的途径，建议保护与开发利用达斡尔语语言资源和其他少数民族濒危语言资源。

三　节日、信仰与艺术

中央民族大学民族学与宗教学学院副院长萨敏娜博士以一场真实的达斡尔族萨满仪式及其神歌文本为例，介绍了更多生动的、未曾在早期文献中出现的众多神灵，并据此分析达斡尔族萨满神灵的类型及特点，从而揭示达斡尔族萨满神灵体系的庞大与复杂。

黑龙江省社会科学院副研究员汤洋介绍了鄂温克族鲜明的地域文化特征和民族个性，特别是在口头文学、民歌、说唱、舞蹈、绘画、雕刻等方面都十分发达。认为鄂温克族传统艺术从总体来说，仍以森林狩猎民族特有的文化艺术为主，同时又有一定的草原文化特征。

中国社会科学院民族学与人类学研究所副研究员宋小飞论证了在用图像学解读满族萨满教艺术作品的同时，在“没有绘画的绘画”艺术作品中，萨满教艺术造型因素创造的审美构成也是图像学中需要充分考量的要素，从而说明艺术的非纯粹形式能引起人们的审美情感。

中国社会科学院民族文学研究所副研究员吴刚做了题为《中国东北民族

抹黑节习俗所反映的祈福观念》的发言，讲述了达斡尔人、满族人、鄂温克人在每年农历一月十六日举行的“抹黑节”，提出了这一节日可能的起源。

此外，黑龙江省社会科学院副研究员张松分析了通古斯诸民族的宇宙观，阐述了萨满教关于阴间的观念及其产生的原因。云南民族大学副教授孟盛彬在《神居之所：兼谈达斡尔人的时空观念》的发言中，介绍了达斡尔人的“天堂”如何与人类世界联系在一起，认为达斡尔族宇宙观源于对自然界的理解。韩国又松大学苏航的发言对比了通古斯诸族和韩民族萨满教的历史境遇，提出萨满教的包容性是帮助外来文化与韩民族融合在一起的重要原因，这也成为其不同于通古斯萨满教的显著特点。

曲枫教授在论坛闭幕式上做了题为《什么是北极》的总结发言，倡议把中国近北极民族研究与国际北极研究联系起来，用全球视角对其进行研究。他总结到，本次论坛围绕“中国近北极民族研究”这个主题，从文化遗产、生态观念、历史变迁、宗教艺术、中俄民族比较等多个角度进行了讨论，大家就以下内容达成共识。第一，将中国近北极民族研究与国际北极民族研究相关联，将全球视角作为未来研究中国北方近北极民族的方向。第二，将生态民族学视为今后研究的重点方向之一，因为无论北极民族还是中国近北极民族的文化都体现了对极地寒冷环境的高度适应性，并在上万年中形成了独特的生存智慧。第三，北极与近北极民族有着不同于主流社会的宇宙观，不仅视人与自然之间的平等与亲昵关系为观念，而且将之视为生命实践，其价值观与实践观必须得到双重的尊重与保护。

聊城大学领导与全体与会专家合影

征稿启事

《北冰洋研究》（*Arctic Studies*）是中国聊城大学主办的学术集刊，每年1~2期，由社会科学文献出版社出版，主要刊登北极地区政治、经济、社会、文化、考古、历史、艺术等各个领域的学术文章。倡导跨学科研究，展示中国学术界的北冰洋研究最新成果，打造中国北冰洋研究的权威平台。

《北冰洋研究》设有“环境史”“考古学者对话”“中国近北极研究”“书评”和“学术动态”等栏目。读者对象为国内外北冰洋研究学者及高校人文学科师生等。

《北冰洋研究》编辑部设在聊城大学北冰洋研究中心，主编曲枫，副主编迈克尔·克努佩尔，编委会由国内外资深北冰洋研究专家组成，欢迎海内外学者赐稿。

来稿要求：

一、来稿需署作者真实姓名，并提供作者简介（100字左右）、工作单位、通信地址、邮编、电话号码、电子邮件地址等详细信息。

二、研究性专题论文每篇字数一般不超过1万字，以8000字左右为宜，请附200字左右中英文摘要和3~5个关键词；书评及学术动态一般在2000字以内。

三、研究性专题论文必须是未曾发表的原创文章，不存在版权问题。

四、接受中英文稿件，一般不接受英语为非母语作者的英文论文。

五、外国人名、地名请参照商务印书馆出版的《英语姓名译名手册》（新华通讯社译名室编）和《外国地名译名手册》（中国地名委员会编），并注原文。上述译名手册中没有的词可自行译出后注原文，并务请全稿统一。涉及其他专有名词时，请采用国内通译，并注原文。

六、来稿注释一律采用页下注（脚注编码制）。具体注释格式请参阅社会科学文献出版社的《学术集刊手册》（试行本 2015 年版）。

七、来稿请用 word 文档电子稿发至编辑部邮箱：1542888360@ qq. com。

Call for Submissions

The *Arctic Studies* is the journal of the Chinese Arctic Studies Center at Liaocheng University. It is a refereed biannual journal which publishes scholarly articles and reviews on Arctic politics, economy, societies, education, cultures, literature, archeology, history and art. The editorial board consists of scholars of Arctic studies from across the world. The *Arctic Studies* welcomes multi-and interdisciplinary work.

The *Arctic Studies* is managed by the Arctic Studies Centre at Liaocheng University. The editor-in-chief is Professor Qu Feng at Liaocheng University and the associate editor-in-chief is Michael Knüppel at Liaocheng University.

The *Arctic Studies* is published by the Social Sciences Academic Press (China).

SUBMISSION

1. Manuscripts are accepted in both English and Chinese.

2. All authors of a manuscript should include their full names, affiliations, postal addresses, telephone numbers and email addresses on the cover page of the manuscript. Please supply a short biographical note (50 – 100 words) for each author.

3. A typical manuscript should not exceed 20,000 words (the preferred length is 6,000 – 10,000 words including footnotes). Abstracts of 200 words and 3 to 5 keywords are required for all manuscripts submitted. Book reviews in English should be between 800 – 1,000 words.

4. All manuscripts should be original work, not previously published nor currently being considered elsewhere for publication.

5. All manuscripts should use footnotes. Book reviews should not contain footnotes.

6. Send your manuscripts to 1542888360@ qq. com.

图书在版编目（CIP）数据

北冰洋研究．第2辑／曲枫主编．--北京：社会科学文献出版社，2020.7

ISBN 978-7-5201-6883-0

Ⅰ.①北… Ⅱ.①曲… Ⅲ.①北冰洋-区域-丛刊 Ⅳ.①D5-55

中国版本图书馆CIP数据核字（2020）第119196号

北冰洋研究（第二辑）

主　　编／曲　枫

副 主 编／［德］迈克尔·克努佩尔（Michael Knüppel）　王　伟

出 版 人／谢寿光

责任编辑／叶　娟

出　　版／社会科学文献出版社·国别区域分社（010）59367078

地址：北京市北三环中路甲29号院华龙大厦　邮编：100029

网址：www.ssap.com.cn

发　　行／市场营销中心（010）59367081　59367083

印　　装／三河市龙林印务有限公司

规　　格／开　本：787mm×1092mm　1/16

印　张：11.75　字　数：200千字

版　　次／2020年7月第1版　2020年7月第1次印刷

书　　号／ISBN 978-7-5201-6883-0

定　　价／89.00元

本书如有印装质量问题，请与读者服务中心（010-59367028）联系